중국인을 위한
키워드로 보는 한국 문화 16강

❏ 집필진

유필재 : 울산대학교 국어국문학부 교수

김선주 : 전 울산대학교 국어국문학부 한국어문학과 객원교수, 방송드라마 작가

마소연 : 울산대학교 국어국문학부 강사, 울산대학교 국어문화원 책임연구원

진가리(陳佳莉, 중국인) : 울산대학교 국어국문학부 한국어문학과 강사, 울산대학교 국어문화원 연구원

중국인을 위한 키워드로 보는 한국문화 16강

초판 1쇄 인쇄 2015년 2월 07일
초판 1쇄 발행 2015년 2월 13일
지은이 유필재 김선주 마소연 진가리
펴낸이 이대현
책임편집 박선주 | 편집 권분옥 이소희
디자인 이홍주
펴낸곳 도서출판 역락 | 등록 제303-2002-000014호(등록일 1999년 4월 19일)
주 소 서울시 서초구 동광로 46길 6-6(문창빌딩 2F)
전 화 02-3409-2058, 2060
팩 스 02-3409-2059
이메일 youkrack@hanmail.net
역락 블로그 http://blog.naver.com/youkrack3888
ISBN 979-11-5686-146-1 03300

정가 10,000원

* 잘못된 책은 구입처에서 교환해 드립니다.

이 도서의 국립중앙도서관 출판예정도서목록(CIP)은 서지정보유통지원시스템 홈페이지(http://seoji.nl.go.kr)와 국가자료
공동목록시스템(http://www.nl.go.kr/kolisnet)에서 이용하실 수 있습니다.(CIP제어번호: CIP2015002045)

삽입이미지(일부) : Getty Images Bank, 이미지비트

중국인을 위한
키워드로 보는 한국 문화 16강

유필재 · 김선주 · 마소연 · 진가리

역락

한국에 체류하는 유학생 중에 중국인 학생의 비율이 가장 높다. 상대적으로 가까운 지리적 위치 때문에 한국과 중국의 문화 차이가 크지 않다고 생각하지만 실상은 다르다. 한국 문화는 중국 문화와 상당히 상이하다. 이로 인해 중국 유학생들이 유학생활의 힘겨움을 호소하는 경우가 적잖다.

문화가 그 나라의 언어와 직접적으로 연결되었다는 점을 감안하면 한국 문화는 중요하게 다뤄져야 할 부분이다. 하지만 교과 과정이 문법이나 회화 위주로 진행되면서 문화 교육이 등한시되고 있는 측면도 없지 않다. 우리는 이 부분에 포착해서 문화를 통한 한국어 교육 교재를 만들어 보기로 했다. 중국 유학생들을 대상으로 회화, 강독, 쓰기 등 다양한 활동을 통해 능동적인 문화 교육을 지향하고자 한다.

이 책은 초급, 중급, 고급 수준의 한국어 학습자를 대상으로 하는 교재로 개발되었다. 한국 문화를 통해 한국을 배우고 한국어를 익힐 수 있도록 구성되었다. 회화와 사진을 함께 배치함으로써 한국 문화에 대한 이해를 높이도록 배려하였다. 또한 퀴즈와 작문을 통해 한국어 능력을 향상시킬 수 있을 것이다. 더불어 주요 어휘에 대해 중국어를 병기하고 뜻풀이를 달아 학습자들의 어휘력을 향상시킴으로써 문화 수업에 대한 부담을 덜어 주고자 노력하였다. 또한 어학, 문학 전공자가 함께 만든 문화 교재이기도 하면서 한국인, 중국인 저자가 참여해 한국 문화와 중국 문화의 비교를 용이하도록 한 점도 큰 특징이다.

이 책에는 한국의 자연환경에서부터 한국의 역사, 사회 등에 이르기까지 한국의 과거와 현대를 이해하기 위한 내용이 총망라되어 있다. 이 책을 통해 한국 문화 전반에 대한 이해가 향상되기를 기대해 본다.

2015년 2월 **집필자 일동**

contents

✎ 책의 구성

➥ 회화
드라마 작가가 쓴 실생활 한국어. 한국 문화를 보다 쉽게 이해할 수 있을 거예요.

➥ 설명
한국 문화를 키워드를 중심으로 쉽게 설명했어요.

➥ 진가리 샘! 중국에서는요?
중국 문화와 비교해 보면 한국 문화가 더 쉽게 이해되겠죠?

➥ 골든벨을 울려라
한국 문화가 담긴 설명을 잘 이해했나요? 주어진 문제를 함께 풀어 봐요.

➥ 함께 써 봐요
다양한 장르의 글쓰기 능력을 키워 봐요.

➥ 같이 해 봐요
재미있는 활동으로 한국 문화를 체험해 봐요.

송위 : 다혈질 방년 21세의 꽃청년. 한국에 대한 열정은 한증막처럼 뜨거운데, 공부에는 재미를 느끼지 못하는 산둥 출신 중국인.

김희선 : 21세의 국문과 여대생. 송위의 한국 문화 멘토링 친구.

송위   김희선

희선 : 송위야! 너 지금 어디가?

송위 : 오늘 수업 어디서 해?

희선 : 어?

송위 : 글쎄, 오늘 늦잠을 자서 수업에 늦을 뻔 했잖아. 세수도 못 하고 <u>진땀을</u>
　　　 <u>흘리면서</u> 뛰어갔는데 교실이 텅 비어 있잖아. 혹시 강의실을 잘못 찾았
　　　 나 싶어서 5층 강의실까지 뛰어갔다 내려오는 길이야.

희선 : 어? 오늘 모든 수업 휴강인데. 너 몰랐어?

송위 : 왜 이야길 안 해 주는 거야?

희선 : 수업 시간에 교수님이 말씀하셨었어. 너 또 딴 생각했지?

송위 : 아니야. 나 요즘 공부 얼마나 열심히 하는데? 대체 오늘은 왜 쉬는 거야?

희선 : 한국의 국경일이야. 달력 봐. 빨갛게 표시돼 있잖아.

송위 : 또 국경일이야? 지난번에도 쉬었는데, 무슨 국경일이 그렇게 많아?

희선 : 한국인들은 적다고 생각하는데.

송위 : 한 번뿐인 중국에 비하면 훨씬 많은 거야. 왜 그런 거야?

희선 : 지금부터 설명해 줄게. 들어 봐.

송위 : <u>머리 쥐나게 하면</u> 나 안 들을 거야.

희선 : 그럼 다음에도 텅 빈 강의실에 혼자 가 있을 거야?

송위 : 아니야. 이야기 해 줘.

🖉 관용어

- **진땀을 흘리다** : 어려운 일이나 난처한 일을 당해서 진땀이 나도록 몹시 애를 쓰다. 出了
  一身躁汗(用于遇到困难或紧急情况时急得满头大汗的情况)

- **머리에 쥐가 나다** : 싫고 두려운 상황에서 의욕이나 생각이 없어지다. 头抽筋(形容遇到自
  己不喜欢的或者害怕的情况时，丧失做某事的意志)

✳ 국경일, 궁금증을 해결해요

국경일은 나라의 경사를 기념하기 위해 만들어졌다. 좋은 일이 있었던 날이므로 그날은 회사나 학교에 가지 않고 쉬면서 각 국경일의 의미를 되새긴다. 한국에는 삼일절, 제헌절, 광복절, 개천절, 한글날이 국경일로 정해져 있다. 그래서 5대 국경일이라고 부른다.

삼일절은 1919년 3월 1일 대한민국의 독립을 위하여 온 민족이 태극

▲ 아주경제신문, 2014.6.22.

기를 들고 '대한독립만세'를 외쳤던 날이다. 한국은 1910년부터 1945년까지 일본의 지배를 받았다. 그때 한국인은 나라를 되찾기 위해 많은 노력을 했다.

제헌절은 1948년 7월 17일 대한민국 헌법이 만들어지고 발표된 날을 기념하는 날이다. 자유민주주의를 지키고 헌법을 잘 따를 것을 약속하는 날이다. 그런데 2008년부터 제헌절은 공휴일에서 제외되었다.

대한민국은 1945년 8월 15일에 일본의 지배에서 벗어나 해방을 맞이하였다. 대한민국이 독립국이 된 것을 경축하기 위해 이 날을 광복절이라 하고 국경일로 제정한 것이다. 광복(光復)은 '빛을 되찾다'라는 의미로 한국의 국권이 회복되었음을 뜻하는 말이다. 이 날은 전국적으로 기념식을 거행하는데, 기념식에서는 <광복절의 노래>가 불린다.

개천절은 10월 3일이다. 개천절은 1909년부터 기리기 시작했는데, 단군이 최초

로 고조선이라는 나라를 세운 것을 기념하기 위한 날이다. 단군은 한민족의 시조(始祖)이다.

마지막으로 10월 9일은 한글날이다. 세종대왕이 훈민정음을 만든 날을 기념하기 위한 날이다. 훈민정음은 지금은 한글이라고 불린다. 한글날은 1990년부터는 공휴일에서 빠지는 바람에 쉬지 않다가 2013년부터 다시 쉬고 있다. 한글날은 국경일이 아니었지만 2006년부터는 국경일로 지정되었다. 이로 인해 4대 국경일이 5대 국경일이 된 것이다.

● ● ● ●

- **경사**(慶事) : 축하할 만한 기쁜 일. 喜事
- **되새기다** : 지난 일을 다시 떠올려 골똘히 생각하다. 重新思索, 反复回味
- **지배**(支配) : 어떤 사람이나 집단, 조직, 사물 등을 자기의 의사대로 복종하게 하여 다스림. 支配
- **되찾다** : 다시 찾거나 도로 찾다. 重新找回
- **제외**(除外) : 따로 떼어 내어 한데 헤아리지 않음. 排除在外
- **해방**(解放) : ① 구속이나 억압, 부담 따위에서 벗어나게 함. 解放
  ② 1945년 8월 15일에 우리나라가 일본 제국주의의 강점에서 벗어난 일. 特指1945年8月15日韩国从日本帝国主义的殖民统治中脱离出来这一事件
- **제정**(制定) : 제도나 법률 따위를 만들어서 정함. 制定
- **국권**(國權) : 국가가 행사하는 권력. 주권과 통치권을 이른다. 国家权力
- **회복**(回復/恢復) : 원래의 상태로 돌이키거나 원래의 상태를 되찾음. 恢复
- **기리다** : 뛰어난 업적이나 바람직한 정신, 위대한 사람 따위를 추어서 말하다. 缅怀, 追忆
- **훈민정음**(訓民正音) : 백성을 가르치는 바른 소리라는 뜻으로, 1443년에 세종이 창제한 우리나라 글자를 이르는 말. 训民正音
- **지정되다**(指定--) : 관공서, 학교, 회사, 개인 등으로부터 어떤 것에 특정한 자격이 주어지다. 指定

❋ 진가리 샘! 중국에서는요?

명칭 : 국경절(国庆节)

의미 : 새로운 중국 탄생을 기념

날짜 : 10월 1일

연휴 기간 : 10.1. ～ 10.7.

1. 한국에는 5대 국경일이 있어요. 각 국경일과 관련된 것을 연결해 보세요.

광복절 •	• 3월 1일 •	• 독립운동
삼일절 •	• 7월 17일 •	• 대한민국의 해방
한글날 •	• 8월 15일 •	• 훈민정음
개천절 •	• 10월 9일 •	• 대한민국 헌법
제헌절 •	• 10월 3일 •	• 고조선 건국

2. '국경일, 궁금증을 해결해요'를 읽고 글 내용과 같으면 ○, 다르면 ×를 표시하세요.

① 한국은 1910년부터 1945년까지 일본의 지배를 받았다.   (   )

② 제헌절은 현재 공휴일 중의 하나이다.   (   )

③ 대한민국 정부는 1945년 8월 15일에 수립되었다.   (   )

④ 한민족의 시조는 단군이다.   (   )

⑤ 개천절은 이성계가 조선을 세운 것을 기념하는 날이다.   (   )

3. '머리에 쥐가 나다'라는 말은 무슨 뜻일까요? 여러분 머리에 쥐가 날 때가 있어요? 이야기 해보세요.

함께 써 보아요

➡ 주제 : 한국과 중국의 국경일 풍경을 비교해 보세요.

➡ 제목 : _____

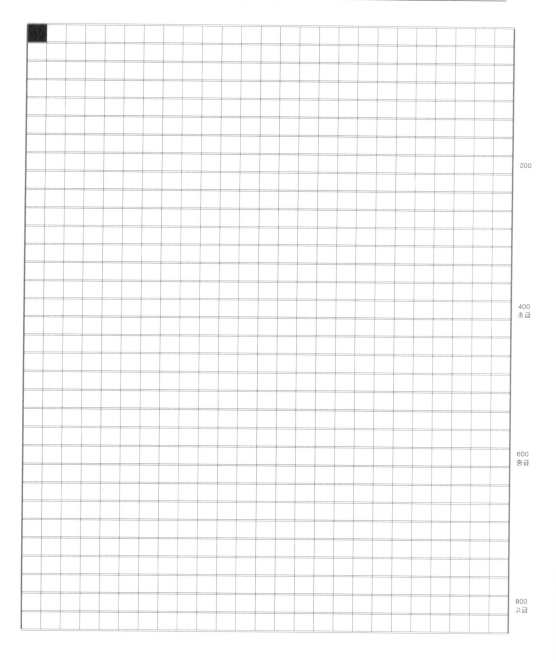

➠ 〈애국가〉 가사를 찾아 함께 불러 보세요.

우리는 단군의 자손

송위 : 뭘 그렇게 웃으면서 보고 있어?

희선 : 우리 조카 사진. 지난주에 태어났는데 정말 예쁘지?

송위 : <u>눈에 넣어도 아프지 않겠다.</u> 어, 근데 엉덩이엔 왜 멍이 들어 있어?

희선 : 몽고반점이야. 단군의 자손인 한국인은 모두 몽고반점을 가지고 태어나.

송위 : 단군?

희선 : 너 또 수업 시간에 졸았구나. 단군 몰라?

송위 : 처음 들었어.

희선 : 한국인은 모두 단군의 자손이잖아.

송위 : 그래?

희선 : 곰이 인간이 되기로 <u>마음을 먹고</u> 100일간 쑥이랑 마늘을 먹고 단군을 낳
았대.

송위 : 너 내가 <u>귀가 얇다고</u> 지금 장난치는 거지?

희선 : 한국인들은 모두 그렇게 생각하는데. 어디 한국만 그런가? 너희들도 시
조가 있을 거잖아.

송위 : 시조? 없는데?

희선 : 시조 없는 민족이 어딨어?

송위 : 글쎄? 없는 것 같은데? 나중에 내가 찾아보고 이야기 해 줄게. 그나저나
그럼 너도 몽고반점 있어?

희선 : 너 또 무슨 장난치려고 그래?

송위 : 아니 정말 궁금해서 그런 거야.

희선 : 지금은 없어. 몽고반점은 어른이 되면 서서히 사라지거든.

송위 : 에이, 아쉽다.

희선 : 너 또 나 놀리려고 그랬지? 네가 아무리 그래도 난 <u>눈도 깜짝 안 할</u> 거야.

관용어

- 눈에 넣어도 아프지 않다 : 매우 귀엽다. 舍在嘴里怕化了
- 마음을 먹다 : 무엇을 하겠다는 생각을 하다. 下决心
- 귀가 얇다 : 남의 말을 쉽게 받아들인다. 耳根子软
- 눈도 깜짝 안 하다 : 조금도 놀라지 않고 태연하다. 眼都不眨一下

✳ 한민족은 할아버지가 똑같아?

　"아름다운 이 땅에 금수강산에 단군 할아버지가 터 잡으시고~"로 시작하는 노래가 있다. '한국을 빛낸 100명의 위인들'이라는 노래인데 한국인이라면 누구나 안다. 노래의 처음을 시작하는 위인은 '단군 할아버지'이다. '단군', '단군왕검(檀君王儉)'을 '단군 할아버지'라고 부른다. 한민족의 시조이기 때문이다.

　단군의 출생의 비밀도 아주 재미있다. 단군의 아버지는 하늘의 신인 '환인(桓因)'의 서자 '환웅(桓雄)'이다. 환웅이 태백산으로 내려와 인간 세상을 다스리며 살고 있었는데 어느 날 호랑이 한 마리와 곰 한 마리가 찾아왔다. 이들은

사람이 되기를 원했다. 환웅은 이들에게 쑥 한 줌과 마늘 스무 쪽을 주면서 100일 동안 빛을 보지 않으면 사람이 될 것이라고 일러주었다. 호랑이와 곰은 햇빛이 들지 않는 동굴로 들어가 쑥과 마늘을 먹으며 하루하루 버텼는데, 곰은 잘 버틴 덕분에 21일 만에 사람이 되었지만 호랑이는 참지 못하고 도망쳐 버려서 꿈을 이룰 수 없었다. 사람이 된 곰, 웅녀(熊女)는 아이가 낳고 싶어 매일 기도했는데 이를 가엾게 여긴 환웅이 잠시 사람으로 변해 웅녀와 결혼하였다. 얼마 후 웅녀는 원하던 아이를 낳게 되었는데 그 아이가 바로 단군이다.

　이렇게 태어난 단군이 한반도에 처음 세운 나라가 바로 '고조선'이다. 고조선은 기원전 2333년에 세워졌다. 원래 명칭은 '조선'이지만 1392년에 이성계가 세운 나라 이름 또한 '조선'이라서 둘을 구분하기 위해 먼저 세워진 나라에 '고(古)'를

붙였다. 그래서 한민족의 역사는 단군과 고조선에서 시작한다. 단군은 1500년 동안 나라를 다스리고 산신이 되었는데 그때 나이가 1908세였다고 한다. 이 사실은 한국의 기록뿐만 아니라 중국의 역사서인 《위서(魏書)》에도 나타난다.

　　단군은 한국인들에게 큰 상징을 지니는 인물이다. 한국인은 모두 단군의 후손으로 같은 피를 이어받은 단일 민족이라는 자부심이 있기 때문이다. 한국인의 남다른 공동체 정신은 여기에서 나왔다. 1997년 한국이 IMF 위기를 겪자 전 국민이 금모으기 운동을 하거나 2002년 월드컵 때 보여준 '붉은 악마'의 일사불란하고 열광적인 응원 역시 한국인들의 대단한 결속력을 보여준다.

• • • •

- **금수강산(錦繡江山)** : 비단에 수를 놓은 것처럼 아름다운 산천이라는 뜻으로, 우리나라의 산천을 비유적으로 이르는 말. 锦绣江山
- **빛내다** : '빛나다'의 사동사. 영광스럽고 훌륭하여 돋보이다. '빛나다.(闪耀, 夺目)'的使动词
- **위인(偉人)** : 뛰어나고 훌륭한 사람. 伟人
- **서자(庶子)** : ①양반과 양민 여성에게서 낳은 아들. ②맏아들 이외의 모든 아들. 위의 글에서는 ②의 뜻. 庶子，有两种意思：①指古代两班阶层的男子和一般贫民家的女子所生的孩子；②长子以外的其他儿子. 原文中使用的是②的意思.
- **다스리다** : 국가나 사회, 단체, 집안의 일을 보살펴 관리하고 통제하다. 治理
- **줌** : ((수량을 나타내는 말 뒤에 쓰여)) 주먹의 준말. (量词) 把
- **쪽** : 쪼개진 물건의 부분을 세는 단위. (量词) 瓣
- **동굴** : 자연적으로 생긴 깊고 넓은 큰 굴. 洞穴
- **버티다** : 어려운 일이나 외부의 압력을 참고 견디다. 坚持, 硬撑
- **산신(山神)** : 산신령. 山神
- **후손(後孫)** : 자신의 세대에서 여러 세대가 지난 뒤의 자녀를 통틀어 이르는 말. 子孙后代
- **이어받다** : 이미 이루어진 일의 결과나, 해 오던 일 또는 그 정신 따위를 전하여 받다. 继承
- **공동체(共同體)** : 생활이나 행동 또는 목적 따위를 같이하는 집단. 共同体
- **금모으기 운동** : 1997년 IMF 구제금융 요청 당시 대한민국의 외채(外債)를 갚기 위해 국

민 들이 자발적(自發的)으로 자신이 소유하던 금을 나라(대한민국)에 기부했던 운동. 籌集資金运动(1997年韩国国民为帮助国家度过亚洲金融经济危机，偿还外债，自发性拿出个人财产捐予国家)

- **붉은 악마** : 한국 축구 국가대표팀을 응원하기 위해 1995년 12월에 축구팬들에 의해 자발적으로 결성된 응원단체. 红魔(为韩国足球队助威的球迷助威团体)

- **일사분란**(一絲不亂) : 한 오리 실도 엉키지 아니함이란 뜻으로, 질서가 정연하여 조금도 흐트러지지 아니함을 이르는 말. 有条不紊

- **결속**(結束) : 뜻이 같은 사람끼리 서로 단결함. 凝聚力

TIP

염황자손(炎黃子孫) : 염제(炎帝)와 황제(黃帝)

아래 제시어를 사용하여 '염황자손(炎黃子孫)'에 대해 이야기 해보세요.

씨족 : 氏族	부락 : 部落	우두머리 : 首领
참패하다 : 大敗	손을 잡다 : 联手	원조를 청하다 : 求援
쟁탈하다 : 争夺	통합되다 : 融为一体	시조로 모시다 : 奉为祖先

● 참고 자료

炎帝与黄帝并称为中华始祖。

上古时期，中国黄河流域一带生活着许多氏族和部落。黄帝和炎帝是两支最有名的部落的首领。当时中国的东部还有一支较强的部落，其首领名叫蚩尤。蚩尤为了扩大自己的势力，和炎帝发生了战争。炎帝部落大败。炎帝向黄帝求援。黄帝也想早点除掉蚩尤，便和炎帝联手，在逐鹿之战中打败了蚩尤。之后黄帝和炎帝为了争夺领袖地位相互间展开了阪泉之战。黄帝打败了炎帝，从此黄帝和炎帝的部落渐渐融为一体，行成了华夏族。华夏族把黄帝和炎帝奉为祖先，称自己为"炎黄子孙"。华夏族在汉朝以后称为汉人，唐朝以后又称为唐人，因此直到今日，中国人也常常称自己为"华夏人"，"唐人"，"汉人"。

1. 다음과 관련된 것을 연결해 보세요.

고조선 •   • 이성계

환웅 •   • 웅녀

곰 •   • 단군

조선 •   • 환인의 서자

2. '한민족은 할아버지가 똑같아?'를 읽고 ○, ×를 표시하세요.

① 고조선은 기원전 2333년 무렵에 세워졌다.   (   )

② 단군의 아버지는 환인이다.   (   )

③ 호랑이는 동굴에서 마늘을 먹으며 버텼다.   (   )

3. '눈에 넣어도 아프지 않다'라는 말은 무슨 뜻일까요? 중국어에도 이와 비슷한 의미를 가진 관용어나 속담이 있어요? 있다면 한번 이야기 해보세요.

함께 써 봐요

➠ 주제 : '단군 출생의 비밀'을 바탕으로 희곡을 써 보세요.
➠ 제목 : _____

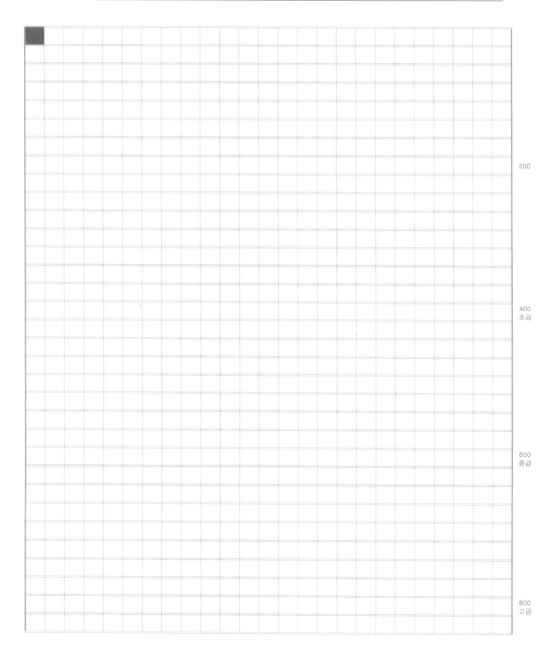

 같이 해 봐요

➡ 앞에서 창작한 희곡 〈단군 출생의 비밀〉로 연극을 해 보세요.

　사전 준비 : 희곡 창작.

　등장인물 : 환인, 환웅, 호랑이, 곰(웅녀), 단군, 신하, 백성 등.

　도구 : 쑥과 마늘, 상자(동굴) 등.

까치 까치 설날!

희선 : 까치~ 까치~ 설날은 어저께고요.

송위 : 무슨 노래야?

희선 : 설날에 부르는 노래야.

송위 : 그런데 왜 까치설날이라고 해?

희선 : 설 전날을 까치설날이라고 해. 그것보다 너 설빔이라고 들어봤어?

송위 : 설빔?

희선 : 한국에서는 설이 되면 부모님이 새 옷이나 신발을 사 주시거든. 그 옷이

나 신발은 설빔이라고 해. 설빔으로 예쁘게 단장하고 웃어른에게 가서 세배를 해야 돼.

송위 : 세배는 또 뭐야?

희선 : 설날에 웃어른께 인사로 하는 절이야.

송위 : 그래? 복잡하네.

희선 : 떡국도 먹어야 하는데.

송위 : 어……. 잠깐만. 그러니까 까치까치 설날 노래를 부르고, 새 옷을 입고, 세배를 하고, 떡국을 먹어. 그게 설날에 다 해야 하는 일이라고?

희선 : 그래. 맞아.

송위 : 아. 어렵다.

희선 : 머리가 다 빠질 지경이지?

송위 : 내 인내심이 바닥을 드러내는 것 같아.

희선 : 알았어. 그만하자. 그날 우리 집에 와서 직접 보면 되지 뭐.

송위 : 좋지.

✎ 관용어

• 머리가 빠지다 : 일이 복잡하거나 어려워 신경이 쓰이다. 掉头发(形容遇到复杂棘手的事情 而大为伤神)

• 바닥이 드러나다, 바닥을 드러내다 : ① 다 소비되어 없어지다. ② 숨겨져 있던 정체가 드 러나다. ① 见底, 跌至底线; ② 原形毕露

✳ 새해 복 많이 받으세요.

한국의 대표적인 명절은 추석
과 설날이다. 설날은 1월 1일로 새
로운 해가 시작되는 날이다. 한국
에는 양력설과 음력설이 있다. 양
력 1월 1일은 '신정(新正)'이라고
부르고, 음력 1월 1일은 '구정(旧
正)'이라고 부르는 경우가 많지만

구정이라는 말 속에는 낡은 것이라는 부정적인 의미가 포함되어 있기 때문에 되
도록 사용하지 않는 것이 좋을 듯하다. 양력설을 지내는 집들도 있지만 대부분의
한국인은 음력설을 쇤다. 한국인은 "새해 복 많이 받으세요."로 다른 이의 복을
빌어 주는 것으로 한 해를 시작한다.

아주 옛날에는 정월(正月) 초부터 보름까지가 설 명절에 해당하는 기간이었다
고 한다. 그러나 요즘은 설 하루 전부터 설 다음날까지가 연휴 기간이다. 설에는
떡국을 먹는다. 떡국을 한 그릇 먹고 나면 나이가 한 살 더 많아진다고 여긴다. 그
래서 설을 보내는 것을 두고 '나이 한 살 더 먹는다.'라고 표현하기도 한다. 과거
에는 설이 되면 집집마다 새 옷을 만들어 입었다. 이를 '설빔'이라고 한다. 그렇지
만 요즘은 설빔을 사 입는 것이 보통이며, 설빔을 해 입지 않는 집도 점점 많아지
고 있다. 설날 아침이 되면 조상님께 차례를 지낸 후 집안 어른들께 세배를 드린
다. 어른들은 아랫사람에게 덕담을 해 주시며 세뱃돈을 건네주신다. 설날을 대표
하는 놀이로는 윷놀이, 널뛰기, 연날리기, 쥐불놀이가 있다.

추석은 음력 8월 15일로 그 해 수확을 조상님께 감사드리고 그 기쁨을 주위

사람들과 나눈다. 추석을 대표하는 음식으로는 송편이 있다. 옛날에는 집집마다 추석 전날이 되면 온 가족이 둘러 앉아 송편을 빚으며 도란도란 이야기를 나누었지만 요즘은 송편을 직접 빚는 집이 드물다. 추석 아침이 되면 차례를 지내고 성묘를 간다. 추석을 대표하는 놀이로는 강강술래, 소싸움 등이 있다.

과거에는 명절에 한복을 입었지만 지금은 명절에도 한복을 입지 않는 사람들이 많다. 이렇듯 비록 명절 풍속들이 사라져 가고 있지만 여전히 한국인들은 명절을 통해 가족의 정을 다시금 확인한다. 친척이 한 자리에 모여 함께 나누어 먹는 송편 한 조각과 떡국 한 그릇에서 자신의 뿌리를 확인하고 정을 나누는 것이다.

• • • •

- **쇠다** : 명절, 생일, 기념일 같은 날을 맞이하여 지내다. 过(春节、生日、纪念日等)
- **차례**(茶禮) : 음력 매달 초하룻날과 보름날, 명절날, 조상 생일 등의 낮에 지내는 제사. 茶礼，祭祀 (阴历每月初一和十五、重大节日、祖先生辰时进行的祭礼，一般在白天进行)
- **세뱃돈**(歲拜-) : 세뱃값으로 주는 돈. 压岁钱
- **윷놀이** : 편을 갈라 윷으로 승부를 겨루는 놀이. 둘 또는 두 편 이상의 사람이 교대로 윷을 던져서 도·개·걸·윷·모의 끗수를 가리며, 그에 따라 윷판 위에 네 개의 말을 움직여 모든 말이 먼저 최종점을 통과하는 편이 이긴다. 尤茨游戏，韩国传统游戏之一
- **널뛰기** : 긴 널빤지의 중간을 괴어 놓고 양쪽 끝에 한 사람씩 올라서서 번갈아 뛰어 오르는 놀이. 우리나라 고유의 놀이로 주로 음력 정월이나 단오, 추석에 여자들이 한다. 跳板，韩国正月、端午、中秋时常玩的传统游戏之一
- **연날리기** : 바람을 이용하여 연을 하늘 높이 띄움. 또는 그런 놀이. 放风筝
- **쥐불놀이** : 정월 대보름의 전날에 논둑이나 밭둑에 불을 붙이고 돌아다니며 노는 놀이. 특히, 밤에 아이들이 기다란 막대기나 줄에 불을 달고 빙빙 돌리며 노는 것을 이른다. 点鼠火，韩国的传统游戏之一，一般在正月十四进行。这一天孩子们手持火把，边转动火把边玩闹，从而赶走破坏植物生长的田鼠
- **수확**(收穫) : 익은 농작물을 거두어들임. 또는 거두어들인 농작물. 收获
- **송편** : 멥쌀 가루를 반죽하여 팥, 콩, 밤, 대추, 깨 따위로 소를 넣고 반달이나 모시조개

모양으로 빚어서 솔잎을 깔고 찐 떡. 흔히 추석 때 빚는다. 松饼，或叫松年糕

- **성묘**(省墓) : 조상의 산소를 찾아가서 돌봄. 또는 그런 일. 주로 설, 추석, 한식에 한다. 扫墓，多于春节当天、中秋当天或清明节前一两天的时候进行

- **강강술래** : 정월 대보름날이나 팔월 한가위에 남부 지방에서 행하는 민속놀이. 여러 사람이 함께 손을 잡고 원을 그리며 빙빙 돌면서 춤을 추고 노래를 부른다. 2009년에 유네스코 세계 무형 유산으로 지정되었다. 중요 무형 문화재 제8호. 羌羌水越来，为韩国第八号重要无形文化遗产的传统舞蹈，一般于正月十五或中秋时在韩国的南部地区举行

❋ 진가리 샘! 중국에서는요?

	설날	추석
언제	음력 1월 1일	음력 8월 15일
쉬는 기간	법정 7일	3일 (2006년부터 추석을 법정 공휴일로 지정)
음식	만두, 떡 등	월병(月餅)
놀이	불꽃놀이	연등(燃灯), 제월(祭月) 보오빙(博饼) 등

1. 다음과 관련된 것을 연결해 보세요.

추석 •   • 떡국

                                       • 송편

설 •   • 설빔

                                       • 강강술래

2. '새해 복 많이 받으세요.'를 읽고 ○, ×를 표시하세요.

① 한국에는 옛날부터 설 연휴 기간이 3일이다.   (   )

② 한국 사람들은 '송편을 먹으면 나이 한 살 더 먹는다.'라고 표현한다.

                                                    (   )

③ 강강술래는 추석을 대표하는 놀이 중의 하나이다.   (   )

④ '설빔'은 새해를 맞이해서 설날에 새로 산 옷이나 신발을 말한다.

                                                    (   )

3. 관용어 '머리가 빠지다'라는 말은 무슨 뜻일까요? 어떤 상황에서 이 말을 쓰나요? 예를 들어 이야기 해보세요.

함께 써 보요

➠ 주제 : 중국의 명절 풍경을 신문 기사로 작성해 볼까요?

➠ 제목 : _____

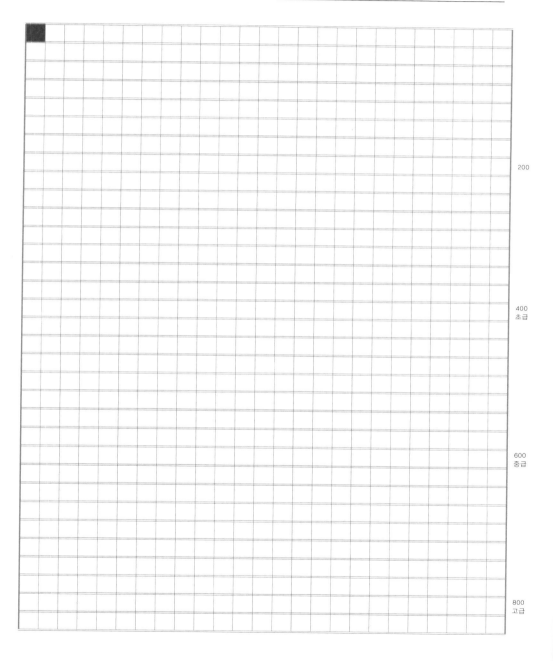

200

400
초급

600
중급

800
고급

같이 해 봐요

➡ 윷놀이를 함께 해 보세요.

• 윷놀이 하는 법

① 윷가락을 던졌을 때 윷가락이 튀어 나가지 않도록 깔판을 준비한다.

② 인원수에 맞게 편을 나눈다.

③ 순서대로 윷을 던진다.

④ 윷에서 '×'가 없는 면은 앞면이고, '×'가 있는 면은 뒷면이다. 네 개의 윷을 던졌을 때 앞면(그림이 없는 앞면)이 한 개만 나오는 것은 '도'라고 하는데 '도'가 나오면 앞으로 1칸을 움직인다. 앞면 두 개가 나오면 '개'라고 하는데 앞으로 2칸을 나갈 수 있다. 앞면 3개가 나오면 '걸'이라고 하고 앞으로 3칸을 움직일 수 있고 4개의 윷이 모두 앞면으로 나오면 '윷'이라고 하고 앞으로 4칸을 움직일 수 있다. 만약 윷이 모두 뒷면으로 나오는 경우 '모'라고 하는데 이때 앞으로 5칸을 나갈 수 있다. '윷'이나 '모'가 나오면 윷을 다시 한 번 던질 수 있다.

⑤ 윷을 던져서 '도'가 나왔는데 앞면에 그림이 그려져 있을 경우, 이것을 '백도'라고 하는데 말을 한 칸 후퇴시킨다.

⑥ 말 4개가 처음 출발한 지점에 먼저 도착하는 편이 이기게 된다.

	도	개	걸	윷	모	백도
모양						
이동	앞으로 1칸	앞으로 2칸	앞으로 3칸	앞으로 4칸 + 한 번 더 던지기	앞으로 5칸 + 한 번 더 던지기	뒤로 1칸

➡ 다 함께 불러 볼까요?

설날

<까치 까치 설날은!>

작사·작곡 : 윤극영

까치까치 설날은 어저께고요
우리우리 설날은 오늘이래요
곱고 고운 댕기도 내가 들이고
새로 사온 신발도 내가 신어요

우리 언니 저고리 노랑 저고-리
우리 동생 저고리 색동 저고리
아버지와 어머니 호사하시고
우리들의 절받기 좋아하셔요
(후략)

<恭喜恭喜>

作詞·作曲 : 陈歌辛

每条大街小巷
每个人的嘴里
见面第一句话
就是恭喜恭喜
恭喜恭喜恭喜你呀
恭喜恭喜恭喜你

冬天已到尽头
真是好的消息
温暖的春风
就要吹醒大地
恭喜恭喜恭喜你呀
恭喜恭喜恭喜你

제 **4** 강

연지곤지

희선 : 주말에 뭐 했어?

송위 : 김 교수님 결혼식 갔었어.

희선 : 누구? 김 교수님 결혼하셨어?

송위 : 어. 지난주에 깜짝 발표하셨거든. 국수 먹여준다고 하시더라고.

희선 : 콧대가 높으셔서 평생 골드미스로 사실 줄 알았더니 멋진 왕자님을 만나신 모양이네. 결혼식은 어땠어?

송위 : 짧아서 제대로 보지도 못했어. 30분도 안 했던 거 같아.

희선 : 한국에선 다들 그렇게 해.

송위 : 실망이야. 멋진 결혼식을 보고 싶었는데. 게다가 사람들도 어찌나 많은지.

희선 : 그래서 결혼식장을 시장 같다고 하잖아.

송위 : 교수님께 인사만 드리고 바로 식당에 가서 밥 먹고 와 버렸어.

희선 : 네가 기대가 커서 그래.

송위 : 웨딩드레스만 입고 한복도 안 입으셨던데?

희선 : 폐백이라고 가족들하고만 하는 행사에선 입으셨을 거야.

송위 : 난 중국 돌아가기 전에 꼭 한국 전통결혼식을 보고 싶었는데. 기대가 이렇게 무너질 수가.

희선 : 알았어. 널 봐서라도 난 멋진 결혼식 보여 줄게.

송위 : 너 시집 가?

희선 : 아니. 나중에 결혼할 때 청첩장 보낼 테니까 비행기 타고 날아 와.

송위 : 난 또 뭐라고. 청첩장에 비행기 표 없으면 안 올 테니까 그렇게 알아.

희선 : 너도 마찬가지야. 우리 둘 중 먼저 결혼하는 사람이 비행기 표 보내기로 하자.

송위 : 만약에 말이야. 너랑 나랑 결혼하게 되면 어떻게 해?

희선 : <u>김칫국물부터</u> 마시지 마. 넌 내 이상형이 아니야.

송위 : 누군 네가 이상형인 줄 알아? 말이 그렇다는 거지.

희선 : 기분 상했나 보네. 나도 장난이야. 장난.

✏ 관용어

- 국수(를) 먹다 : 결혼식 피로연에서 흔히 국수를 대접하는 데서, 결혼식을 올리는 일을 비유적으로 이르는 말. 分喜糖. 因为以前韩国人结婚喜宴上必吃的东西是面条，所以韩国人用 "국수를 먹다(吃面条)"来表达结婚这一意思

- 콧대가 높다 : 잘난 체하고 뽐내는 태도가 있다. 眼高于顶, 眼光高

- (떡줄 사람은 생각도 않는데) 김칫국물부터 마신다 : 쓸데없는 기대를 한다. 鱼未捉到, 忙着煎鱼(比喻做事情颠倒了先后顺序, 操之过急)

통과의례(通過儀禮)는 사람이라면 누구나 살아가면서 겪게 되는 일들이자 그것들과 관련한 예법을 말한다. 관례(冠禮), 혼례(婚禮), 상례(喪禮), 제례(祭禮)를 말하는데 쉽게 말하면 성인식, 결혼식, 장례식, 제사이다.

관례는 머리에 관(冠)을 쓰는 의식으로 양반가의 남자들에게 행해졌던 의식이다. 지금은 남자, 여자 구분 없이 모든 사람들이 성인식을 맞이한다. 한국에서는 매년 5월 셋째 주 월요일이 성년의 날이다. 만 20세가 된 성인들에게 향수와 키스, 장미꽃을 선물하는 풍습이 있다.

한국의 결혼식은 몹시 획일화되어 있다. 간혹 교회나 성당에서 결혼식을 올리는 경우를 제외하고는 예식장에서 30분 만에 끝내 버린다. 신부는 하얀색의 웨딩드레스를 입고 신랑은 검정색 턱시도를 입는다. 서양식 예식을 마친 후 한복을 입고 폐백을 한다. 이

때 한복은 조선시대 왕이나 왕비가 입던 옷을 입는다. 예전에는 결혼식 때 먹는 대표적인 음식이 국수였지만 지금은 뷔페식이 가장 보편적이다.

요즘 한국에서는 장례식에 관한 모든 준비를 장례 업체에 맡긴다. 장례는 보통 3일 동안 치르며, 마지막 날 '발인(發靷)'이라고 해서 돌아가신 분을 묘지로 옮긴다. 과거에는 매장(埋葬)이 보편적이었지만 최근에는 화장(火葬)이 더 선호되고 있다. 문상을 할 때는 고인에게 먼저 절을 두 번 한 후 상주와 마주보고 절을 한 번 한다. 상주에게는 따로 말을 시키지 않는 것이 예의이다.

장례식이나 결혼식에 참석할 때에는 부조(扶助)를 하는데 그 금액은 3, 5, 7만 원처럼 홀수 단위로 하는 것이 보통이다. 홀수를 길한 숫자라고 여기기 때문이다. 그렇지만 10만원처럼 0단위로 떨어지는 수는 가득 차는 수라는 의미가 있으므로 예외이다.

최근 한국에서는 제사를 지내는 가정이 많이 줄고 있다. 제사를 지낸다 하더라도 제사 음식이나 절차가 많이 간소해졌다. 제사는 원래 밤 12시에 지내는 것이지만 요즘은 그 시간을 지키지 않는 집도 허다하다. 제사는 내 아버지(어머니), 할아버지(할머니), 증조할아버지(증조할머니)가 돌아가신 뒤에도 그분들에 대한 존경과 감사의 마음을 표현하는 의식이다. 비록 제사의 절차는 간소해지더라도 그 의미가 퇴색되어서는 안 될 것이다.

이렇듯 한국의 통과의례는 모두 유교 문화에 뿌리를 두고 있다. 유교적인 사고가 많이 약화된 지금은 절차가 간소화 되었지만 그 명맥은 유지되고 있다.

• • • ●

- **예법**(禮法) : 예의로써 지켜야 할 규범. 礼法, 礼节
- **유교**(儒敎) : 공자를 시조(始祖)로 하는 '유학(儒學)'을 종교적인 관점에서 이르는 말. 儒敎
- **약화**(弱化) : 세력이나 힘이 약해짐. 또는 그렇게 되게 함. 弱化
- **간소화**(簡素化) : 간략하고 소박하게 됨. 또는 그렇게 되게 함. 简化, 精简

- **명맥**(命脈) : 맥(脈)이나 목숨이 유지되는 근본. 命脉
- **획일화**(劃一化) : 모두가 한결같아서 다름이 없게 됨. 또는 모두가 한결 같아서 다름이 없게 함. 清一色
- **턱시도** : 남자가 입는 약식 예복. 모양은 양복과 비슷하며 위 깃은 견직으로 덮고 바지 솔기에 장식이 달린 것으로, 연미복의 대용으로 입는다. 无尾晚礼服
- **업체**(業體) : 사업이나 기업의 주체. (婚庆, 丧礼等)服务公司
- **발인**(發靷) : 장례를 지내러 가기 위하여 상여 따위가 집에서 떠남. 또는 그런 절차. 出殡
- **묘지**(墓地) : 무덤. 墓地
- **선호**(選好) : 여럿 가운데서 특별히 가려서 좋아함. 更喜欢
- **문상**(問喪) : 조문(弔問). 남의 죽음에 대하여 슬퍼하는 뜻을 드러내어 상주(喪主)를 위문함. 또는 그 위문. 吊唁
- **고인**(故人) : 죽은 사람. 逝者, 去世的人
- **상주**(喪主) : 주(主)가 되는 상제(喪制). 대개 장자(長子)가 된다. 부모나 조부모가 세상을 떠나서 거상 중에 있는 사람. 丧主
- **마주보다** : 마주 향하여 보다. 面对面, 对视
- **부조**(扶助) : 잔칫집이나 상가(喪家) 따위에 돈이나 물건을 보내어 도와줌. 또는 돈이나 물건. 帛金, 白包
- **홀수** : 2로 나누어서 나머지 1이 남는 수. 1, 3, 5, 7, 9 따위의 수를 이른다. 单数
- **길하다**(吉--) : 운이 좋거나 일이 상서롭다. 吉利
- **맞아떨어지다** : ((흔히 '꼭', '딱', '잘', '척척' 따위와 함께 쓰여))어떤 기준에 꼭 맞아 남거나 모자람이 없다. 正好对上
- **가득** : 분량이나 수효 따위가 어떤 범위나 한도에 꽉 찬 모양. 满满地
- **절차**(節次) : 일의 순서나 방법. 程序, 步骤
- **퇴색**(退色) : 무엇이 낡거나 몰락하면서 그 존재가 희미해지거나 볼품없이 됨을 비유적으로 이르는 말. 褪色

"사탕 언제 먹여 주세요?"

- 지역에 따라 마련해야 할 예물이 다 다르지만 보통 기본적으로 200만원~2000만 원을 준비한다.
- 결혼 비용은 지역에 따라 전부 남자가 부담, 남녀 공동 부담, 혹은 전부 여자가 부담하기도 하며, 일반적으로 대부분의 비용은 남자가 부담한다.
- 결혼식을 올리기 전에 반드시 혼인 신고를 해야 한다.
- 축의금 봉투를 비롯하여 결혼식에는 빨간색을 많이 사용한다.
- 축의금 액수는 지방의 풍습에 따라 짝수나 홀수로 한다.
- 결혼식은 새벽부터 진행한다. 장소나 진행 방식은 지방에 따라 다르다.
- 식이 끝난 후에는 원형 테이블에서 음식을 먹는다.
- 보통 한국인처럼 식이 끝난 직후 바로 신혼여행을 가지 않는다.

1. 다음과 관련된 것을 연결해 보세요.

관례 •   • 제사

혼례 •   • 장례식

상례 •   • 성인식

제례 •   • 결혼식

2. '한국인의 통과의례(通過儀禮)'를 읽고 ○, ×를 표시하세요

① 한국의 관혼상제는 모두 불교문화에 뿌리를 두고 있다.   (   )

② 관례는 머리에 관을 쓰는 의식으로 양반가의 남자들에게 행해졌던 의식이다.

(   )

③ 요즘 한국에서 장례식은 보통 5일 동안 치른다.   (   )

3. 한국 관용어 중에 '국수(를) 먹다.'라는 말이 있는데 이 말은 무슨 뜻일까요?
   중국어에도 이와 같은 의미를 가진 말이 있어요? 이야기 해보세요.

함께 써 봐요

➠ 주제 : 한복과 치파오(旗袍)의 특징을 써 보세요.
➠ 제목 : _____

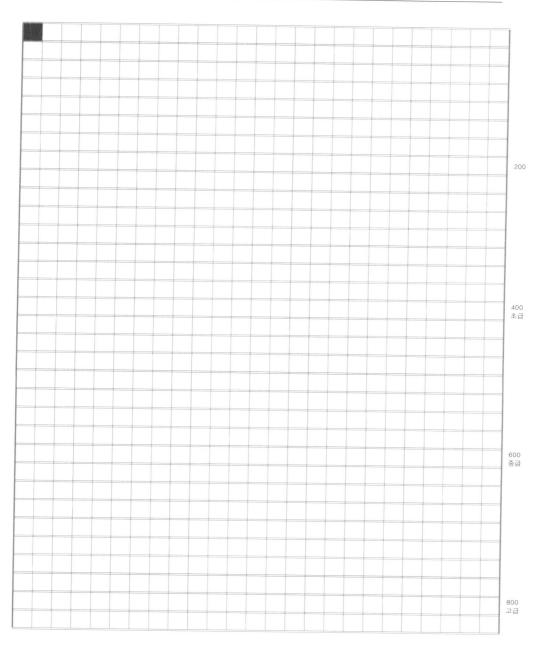

200

400
초급

600
중급

800
고급

➡ 청첩장 문구를 쓰고, 축의금 봉투를 형식에 맞춰 써 봐요.

○○○　　의 ○○　　○○
○○○

○○○　　의 ○○　　○○
○○○

- ____년 ____월 ____일 ____요일 ____시
- ____웨딩홀 ____층 _____홀

➠ 한국 현대 결혼식의 진행 순서에 따라 '결혼식'을 올려 보세요.

● 결혼식 순서

결혼식 시작 알림 → 촛불 점화 → 신랑 입장 → 신부 입장 → 신랑 신부 인사 → 주례 말씀 → 양가 부모님께 인사 → 축가 연주 → 하객에게 인사 → 신랑 신부 행진 → 기념사진 촬영 → 부케 던지기 → 피로연

● 등장인물 : 신랑, 신부, 주례, 사회, 하객, 양가 부모님, 축가 연주자 등.
● 도구 : 웨딩드레스, 양복, 면사포, 촛불, 대추, 카메라, 꽃다발 등.

돌잔치

희선 : 너 주말에 뭐해?

송위 : 너 데이트 신청하는 거야?

희선 : 김칫국 마시지 마. 데이튼 무슨 데이트야.

송위 : 그럼 왜 물어보는 건데?

희선 : 너 돌잔치 갈래?

송위 : 돌잔치가 뭔데?

희선 : 태어난 지 일 년을 축하하는 잔치야.

송위 : 그런 잔치도 해?

희선 : 눈에 넣어도 안 아픈데 뭘 못하겠어? 중국에선 안 해?

송위 : 어, 없는 것 같은데……. 잘 모르겠어. 그런데 집안 행산데 내가 가도
　　　돼?

희선 : 돌잔치는 많은 사람이 축하해 주면 좋으니까 와도 돼.

송위 : 알았어. 어디로 가면 돼?

희선 : 뷔페에서 해. 장소는 문자로 보내줄게.

송위 : 고맙다. 넌 참 좋겠다.

희선 : 왜?

송위 : 가족과 함께 사니까. 온 가족이 모이면 얼마나 행복하겠어.

희선 : 그렇지? 너도 마음만 먹으면 볼 수 있잖아. 화상채팅 자주 한다며?

송위 : 너처럼 직접 만나고 싶어.

희선 : 하긴. 근데 너 오늘부터 굶어야 해. 이러다 너 <u>눈 빠지는 것</u> 아니야?

송위 : 아직 며칠이나 남았는데?

희선 : <u>상다리가 부러질 정도로</u> 음식이 많을 거거든.

송위 : 알았어. 내가 20대 중국 청년의 힘을 마음껏 보여줄게.

희선 : 뭐가 그렇게 거창해?

송위 : 벌써부터 기대된다. 예쁜 아기도 보고 맛있는 음식도 먹고. 친구야, 고마워.

📝 **관용어**

● 눈이 빠지게[빠지도록] 기다리다 : 몹시 애타게 오랫동안 기다리다. 翹首等待
● 상다리가 부러지다(휘어지다) : 상에 음식을 매우 많이 차려 놓다. 满满当当地摆满一桌子

✴ 돌잔치에서 골프공을 잡는다고?

한국에서는 아기의 첫 번째 생일에 돌잔치를 한다. 아기가 일 년 동안 별 탈 없이 잘 자라주고 있는 것을 감사하고 아기의 앞날을 축복해 주기 위한 자리이다.

돌잔치를 하게 되면 돌상을 차리는데 백설기와 수수팥떡이 돌상에 오른다. 백설기는 그 흰 색깔만큼이나 아기가 신성하고 정결하게 크기를 바라며 장수하라는 의미가 담겨 있다. 수수팥떡을 돌상에 올리는 것은 예로부터 붉은 팥이 나쁜 기운을 물리쳐 준다고 믿기 때문이다.

돌잔치에서 가장 중요한 절차는 돌잡이이다. 아기의 부모를 비롯하여 그 자리에 모인 사람들이 가장 기대하는 절차이기도 하다. 돌잡이는 아기 앞에 여러 물건들을 늘어놓고 그중 하나를 아기에게 잡게 해서 아기의 미래를 점쳐 보는 풍습이다. 과거에는 무병장수를 기원하는 실타래, 부자가 되는 것을 의미하는 곡식이나 돈, 문관이 된다는 붓이나 책, 장수가 된다는 활이나 화살 등을 상 위에 올려놓았다. 여자 아이들의 경우는 실타래나 가위를 놓기도 하였다. 요즘은 시대가 바뀌어서 붓, 활, 실타래 등은 상 위에 놓지 않는다. 돈, 연필, 곡식 외에 의사가 되기를 바라는 마음에서 청진기를 놓기도 하며 마이크나 마우스, 골프공 등 돌잡이에 놓는 물건도 다양해지고 있다.

　돌잔치에 초대를 받게 되면 선물을 준비한다. 돌잔치 선물로는 금반지를 선물하는 것이 관례이지만 최근에는 축의금이나 다른 선물로 대신하는 사람들도 많아지고 있다. 그리고 예전처럼 돌잔치를 집에서 하지 않고 패밀리 레스토랑이나 뷔페식당에서 하는 경우가 많다. 식당에서 돌잔치를 하는 경우 행사 진행을 맡아주는 사회자도 있으며, 경품 행사 등 하객들을 위한 다양한 행사 등도 마련한다. 돌을 기념하여 전문 스튜디오에서 사진 촬영을 하는 것은 보편적인 행사가 되었으며, 갈수록 초호화 돌잔치도 늘어가는 추세이다. 삶의 질이 높아지는 만큼 내 아기에게 좋은 것만 해주고 싶은 부모의 마음을 비판할 수는 없지만 물질적 풍요를 행복의 기준으로 삼고 있지는 않은지에 대해 비판의 목소리가 높기도 하다.

　돌은 아기가 태어난 지 만 일 년이 된 날이지만 한국에서는 돌이 지나면 아기의 나이가 두 살이 된다. 한국에서는 엄마 뱃속에서 나온 그 순간부터 한 살이 되기 때문이다. 엄마 뱃속에 있던 열 달도 살아서 움직이고 있으므로 이미 태어난 것이나 다름없다고 여기는 사고에서 비롯되었다. 예로부터 생명과 인격을 존중해주는 한국인의 사고를 엿볼 수 있는 부분이다.

* * *

- **별(別)** : 보통과 다르게 두드러지거나 특별한. 特別的
- **탈(頉)** : 뜻밖에 일어난 걱정할 만한 사고 问题, 毛病儿
- **돌상** : 돌날에 돌잡이할 때 차려 놓는 상. 周岁席, 周岁宴
- **백설기** : 시루떡의 하나. 멥쌀가루를 켜를 얇게 잡아 켜마다 고물 대신 흰 종이를 깔고, 물 또는 설탕물을 내려서 시루에 안쳐 깨끗하게 쪄 낸다. 어린아이의 삼칠일, 백일, 돌이나 고사(告祀) 따위에 쓴다. 白米蒸糕, 一般在孩子出生后二十一天宴、百日宴、周岁宴等场合食用。
- **수수팥떡** : 수수 가루에 팥고물을 켜켜이 얹어 찐 시루떡. 豆沙发糕
- **장수(長壽)** : 오래 삶. 长寿

- **늘어놓다** : 줄을 지어 벌여 놓다. 铺开摆放
- **점치다** : 길흉과 화복을 판단하기 위하여 점괘를 내어 보다. 算卦
- **무병장수**(無病長壽) : 병 없이 건강하게 오래 삶. 健康长寿
- **실타래** : 실을 쉽게 풀어 쓸 수 있도록 한데 뭉치거나 감아 놓은 것. 线团
- **청진기** : 환자의 몸 안에서 나는 소리를 듣는 데 쓰는 의료 기구. 집음부(集音部)의 소리를 고무관으로 유도하여 양쪽 귀로 듣는 것을 많이 쓰며, 1816년에 프랑스의 라에네크(Laënnec, R.)가 발명하였다. 听诊器
- **초대**(招待) : 어떤 모임에 참가해 줄 것을 청함. 招待
- **관례**(慣例) : 전부터 해 내려오던 전례(前例)가 관습으로 굳어진 것. 惯例
- **대신하다**(代身-) : 어떤 대상의 자리나 구실을 바꾸어서 새로 맡다. 代替
- **행사**(行事) : 어떤 일을 시행함. 또는 그 일. 活动
- **진행**(進行) : 일 따위를 처리하여 나감. 进行
- **경품**(景品) : 어떤 모임에서 제비를 뽑아 선물로 주는 물품. 赠品
- **마련하다** : 헤아려서 갖추다. 准备，置办
- **초호화** : 사치스럽고 화려함. 超豪华
- **물질적**(物質的) : 물질과 관련된. 또는 그런 것. 物质的
- **풍요**(豐饒) : 흠뻑 많아서 넉넉함. 丰饶
- **엿보다** : 어떤 사실을 바탕으로 실상을 미루어 알다. 大体看出

✳ 진가리 샘! 중국에서는요?

1. 돌잔치가 보편화되어 있지 않다.
2. 소수 민족(조선족과 몽골족) 중에서는 돌잔치를 크게 하기도 한다.
3. 전통 돌잔치에는 돌잡이가 있었다.
4. 돌잔치 때 하는 인사말은 다음과 같다.
   ● 귀한 아드님/따님 얻으신 것을 축하합니다(恭喜您喜得贵子).
   ● 건강하게 잘 자라기를 바랍니다(希望宝宝健康成长) 등.

1. 다음과 관련된 것을 연결해 보세요.

연필 •	• 건강
돈/곡식 •	• 공부
실타래 •	• 방송인
마이크 •	• 의사
청진기 •	• 운동선수
골프공/축구공 •	• 부자

2. '돌잔치에서 골프공을 잡는다고?'를 읽고 ○, ×를 표시하세요.

① 돌잔치는 아이가 성인이 될 때까지 매년 한 번씩 한다.　　　(　)

② 흰 백설기는 '장수'의 의미를 가지고 있다.　　　(　)

③ 한국에서는 돌잔치 선물로 나쁜 기운을 물리쳐 주는 수수팥떡을 선물하는 것이 관례이다.　　　(　)

④ 한국에서는 엄마 뱃속에서 나온 그 순간부터 아이가 한 살이 된다.(　)

3. '상다리가 부러지게 차리다'라는 말은 무슨 뜻일까요? 이 말은 어떤 상황에서 쓸 수 있나요? 함께 이야기 해보세요.

함께 써 봐요

➠ 주제 : 미래에 태어날 내 아이에게 편지를 써보세요.
➠ 제목 : _____

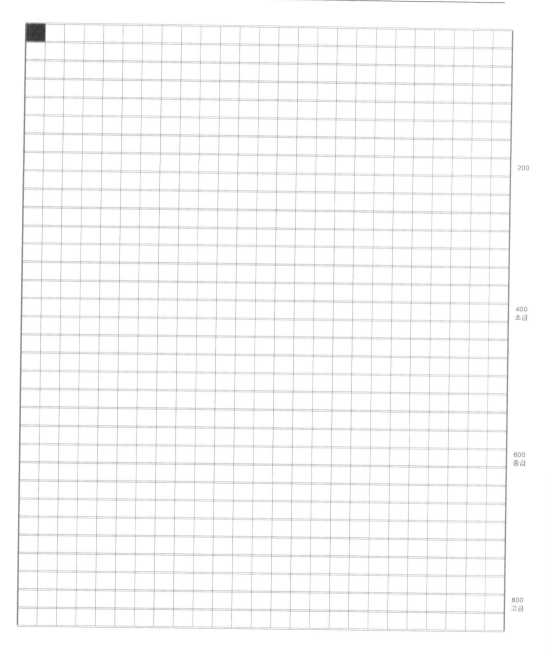

200

400
초급

600
중급

800
고급

 같이 해 보요

➡ 돌잡이 물건을 정하고 돌상을 그려보세요.

광식이 동생 광태

희선 : 언니 이름? 김희진!

송위 : 그럼 동생은?

희선 : 김희미.

송위 : 뭐야? 그럼 이름 석 자 중에 한 자 씩만 다른 거야?

희선 : 어. 경주 김 씨니까 김희진, 김희선, 김희미. 진선미야. 참 진(眞), 착할
선(善), 아름다울 미(美). 넌 어디 송 씨야? 위는 무슨 위고?

송위 : 잘 모르겠는데요.

희선 : 그래?

송위 : 너희 아버지가 이름 짓기 싫으셨나 봐?

희선 : 아니야. 우리 아버진 예쁜 이름을 짓고 싶어 하셨어. 돌림자 때문에 어쩔 수 없었어.

송위 : 돌림자?

희선 : 한 집안에서 각자의 서열을 알리기 위해 이름을 정하는 거지. 남자들은 더 심해. 영화도 있어. '광식이 동생 광태'라고.

송위 : 그래?

희선 : 이름만 들으면 친척인지 아닌지 다 알기도 해. 심지어는 나보다 높은 사람인지도 알아. 중국은 안 그래?

송위 : 중국도 예전에는 그랬는데 지금은 안 그런 것 같아.

희선 : 왜?

송위 : 자식이 한 집에 한 명밖에 없는데 뭐.

희선 : 하긴 한국도 핵가족이 되면서 돌림자가 점점 사라지고 있긴 해.

송위 : 근데 너흰 왜 그렇게 형제가 많아?

희선 : 우리 엄만 아들을 꼭 낳고 싶으셨나 봐. 아들을 낳느라 <u>애를 먹긴 했는데</u>, 성공하셨어.

송위 : 그래, 축하할 일이니까 <u>한턱내야</u>겠구나!

희선 : 뭐? 너 또 술 마실 핑계 잡았구나. 난 오늘은 절대 안 돼. 집에 가서 제사 준비 거들어야 해. 다음에 봐.

📎 관용어

• 애먹다 : 속이 상할 정도로 어려움을 겪다. 操心, 费心, 吃苦头
• 한턱내다 : 한바탕 남에게 음식을 대접하다. 请客

✳ 네 동생이랑 이름이 헷갈려

한국에서는 형제 혹은 자매들이 이름이 비슷한 경우가 많다. '정민기, 정민서' 혹은 '오가영, 오채영' 이런 식이다. 이렇게 이름 중에서 똑같이 사용되는 글자를 돌림자라고 하는데 돌림자는 이름의 중간 글자일 수도 있고 마지막 글자일 수도 있다. 돌림자는 집안이나 세대마다 다르다. 예를 들면 이번 세대에서 '민'자를 돌림자로 썼다면 다음 세대에서는 '기'자를 돌림자로 쓰는 식이다. 물론 글자를 마음대로 정할 수는 없으며 집안 대대로 돌림자와 그 순서가 전해 내려온다. 그래서 한국에서는 이름이 비슷하면 형제냐고 물어보는 경우도 많다.

그런데 요즘은 아이를 한 명만 낳는 가정이 많아지다 보니 돌림자를 쓰더라도 돌림자인지 알 수 없는 경우가 많다. 돌림자를 쓰지 않으려고 하는 젊은 부모들도 늘어나고 있다. 아이 이름에 돌림자를 넣어 지으면 자신들이 원하는 이름으로 지을 수 없는 경우가 많기 때문이다. 그래서 간혹 이름을 짓는 과정에서 집안 어른들과 작은 갈등이 생기기도 한다.

뿐만 아니라 한국에서는 본관을 통해 먼 윗대의 조상들이 살았던 곳을 알 수 있다. 그 정보는 내 이름 중 '성(姓)'에 담겨 있다. 성이 같은 '김 씨'이더라도 '김해 김 씨', '경주 김 씨' 등 각 김 씨 집안이 살았던 장소는 다르다. 이 장소, 다시 말하면 김해나 경주 같은  조상들의 거주지가 본관이 되는 것이다. 한국에서는 어른들이 본관을 물었을 때 바로 대답하지 못하면 소위 '뼈대 없는 집안'이라거나 가정교육을 잘 받지 못했다고 혼이 날 수 있을 정도로 본관을 매우 중요하게 여겼다.

한국에서는 같은 집안사람끼리의 결혼을 오랫동안 금지해 왔다. 그것을 확인할 수 있는 방법 역시 바로 본관이다. 서로 호감을 가지고 남녀가 만날 때 성이 같다면 먼 친척일 가능성이 있으므로 서로 본관을 확인해보는 것이다. 성과 본관이 모두 같은 것을 '동성동본(同姓同本)'이라고 하는데 동성동본의 결혼은 법적으로 금지되었다가 2005년부터 허용되었다. 그래서 요즘은 동성동본끼리 결혼하는 것이 큰 문제가 되지 않지만 나이가 지긋하신 어른들은 여전히 반대하기도 한다.

이렇듯 한국인의 이름에는 중요한 정보가 많이 담겨 있을 뿐만 아니라 생활의 지혜까지 들어 있다. 그렇지만 갈수록 본관이나 돌림자 등 자신의 뿌리가 담긴 이름의 의미를 모르는 젊은이들이 많아지고 있다. 핵가족화가 급속하게 이루어지면서 그 의미가 퇴색하고 있는 것이다.

● ● ● ●

- **세대**(世代) : 같은 시대에 살면서 공통의 의식을 가지는 비슷한 연령층의 사람 전체. 世代，輩
- **본관**(本貫) : 시조(始祖)가 난 곳. 籍貫，原籍
- **윗대** : 조상(祖上)의 대. 上一代，上一輩
- **거주지**(居住地) : 살고 있는 장소 居住地
- **뼈대** : 역사가 오래되고 신분이 높은 것을 비유적으로 이르는 말. 原意为"骨架"，后用来比喻家族的门风、地位。
- **허용**(許容) : 허락하여 너그럽게 받아들임. 容许
- **지긋하다** : 나이가 비교적 많아 듬직하다. (年纪)一大把

✳ 진가리 샘! 중국에서는요?

TIP

1. 과거 중국에도 돌림자 풍속이 있었다.
2. '빙빙', '량량'과 같이 똑같은 글자가 중첩되어 귀여운 느낌을 줄 수 있는 이름을 선호하는 사람이 많다.
3. 시대에 따라 선호하는 이름은 다음과 같다. (일반적으로 정치적 사건이나 그 당시의 사회 이슈와 관련이 있다)

시기	사건/이슈	선호 이름
50년대	중화인민공화국 설립	국경(国庆), 건국(建国), 해방(解放), 한민(汉民), 애민(爱民) 등
60, 70년대	문화대혁명, 기상위성개발, 반제국주의	위성(卫星), 위동(卫东), 약진(跃进), 홍위(红卫), 문화(文华), 반제(反帝) 등
80년대	대외개방 정책	리사(莉斯), 걸극(杰克), 대위(大卫), 천천(茜茜) 등.
90년대 및 이후	경제 발전	유당(刘唐), 언욱(言旭), 일가(一可), 자의(子怡), 덕화(德华) 등.

1. 다음과 관련된 것을 연결해 보세요.

    본관　　•　　　　　　　• 성(姓)과 본관이 모두 같음

    동성동본　•　　　　　　　• 항렬을 나타내기 위하여 이름으로 쓰는 글자

    돌림자　•　　　　　　　• 시조가 태어난 곳

2. '네 동생이랑 이름이 헷갈려'를 읽고 ○, ×를 표시하세요.

① 돌림자는 이름의 중간 글자일 수도 있고 마지막 글자일 수도 있다.

(　　　)

② 한국과 중국은 집안사람끼리의 결혼을 오랫동안 금지해 왔다.

(　　　)

③ 요즘 한국 젊은이들 중에서는 본관을 잘 모르는 사람들이 많다.

(　　　)

3. '한턱내다'라는 말은 무슨 뜻일까요? 이와 비슷한 의미를 가진 관용어가 무엇이 있을까요? 이야기 해보세요.

★ ★ ★
함께 써 보요

➡ 주제 : 대가족과 핵가족의 장점과 단점을 써 볼까요?
➡ 제목 : _____

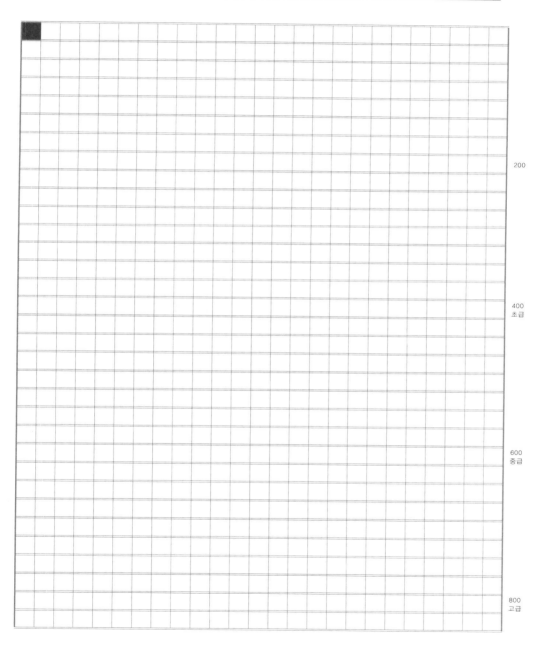

200

400
초급

600
중급

800
고급

➡ 보기와 같이 자신의 이름을 소개해 주세요.

❖ 보기

이름 : 진가리(陳佳莉)

진 : 진(陈)나라 '진' 자.

가 : 아름다울 '가(佳)' 자.

리 : 말리(茉莉) 꽃 '리' 자입니다.

의미 : 아름다운 말리 꽃처럼 예쁘게 자라라는 뜻이 담겨 있어요.

내 이름 :

➡ 보기와 같이 자신의 이름으로 삼행시를 지어서 자기소개를 해보세요.

❖ 보기

이름 : 최현우

최 : 최현우라고 합니다.

현 : 현재 울산에 살고 있습니다.

우 : 우연이란 것 없다고 생각합니다. 여기서 여러분과 만난 것은 우
연이 아닌 필연이라고 생각합니다.

내 이름 :

● 시대별 한국인이 사랑한 이름

여성 : 순자(1948년) 영숙(1958년), 미경(1968년), 지영(1978년), 지혜(1988년), 유진(1998년), 서연(2008년), 서윤(2014년)

남성 : 영수(1948,1958), 성호(1968년), 정훈(1978년), 지훈(1988년), 동현(1998년), 민준(2008년), 민준(2014년)

우리 이모? 이모님?

희선 : 저기 우리 형부 계시네. 인사드리러 가자.

송위 : 우와, 형부 잘 생겼다. 누나가 <u>눈이 높다</u>더니 정말이네.

희선 : 야! 네가 형부라고 하면 어떡해.

송위 : 네가 형부라며?

희선 : 넌 형부라고 하면 안 되지. 나는 우리 언니의 남편이니까 형부라고 하는
　　　거고, 넌 뭐라고 해야 할까? 참 형님이라고 하면 되겠다.

송위 : 여자와 남자가 다른 거야?

희선 : 그렇지. 그게 말이야……. 아휴, 또 머리 아파진다. 상황이나 관계에 따
　　　라서 호칭이 달라져.

이모 : 희선아, 잘 지냈어?

희선 : 어. 이모.

이모 : 잠깐 있어. 나는 어른들한테 인사부터 드리고.

희선 : 알았어. 이모.

송위 : 너 이 식당에 자주 와?

희선 : 어?

송위 : 식당 이모 잘 아는 것 같아서?

희선 : 아니야. 정말 우리 이모야. 우리 엄마 언니.

송위 : 그럼 식당에서는 왜 그렇게 불러?

희선 : 그게 말이지……. 한국에서는 식당에서 일하시는 분을 이모, 고모, 언니,
　　　누나라고 불러.

송위 : 친척도 아닌데 왜?

희선 : 나도 자세히는 몰라. 참 우리 엄마가 말이야.

송위 : 왜 너희 엄말 우리 엄마라고 하는 거야?

희선 : 그게 이상해?

송위 : 어. '우리'는 그런 뜻이 아니잖아. 너하고 난 엄마가 다르잖아.

희선 : 한국 사람은 다 그렇게 써.

송위 : 그래? 한국 사람들은 이상해. 실컷 공부했더니 실제로 쓰는 말이 다른 경
　　　우도 있고. 그런데 오늘은 한국어 공부 안 하면 안 될까?

희선 : 알았어. 배고파. 밥부터 먹자.

송위 : 네가 굶으라고 해서 어제 저녁부터 굶었는데 아직 <u>음식 구경도 못 했잖아</u>.

✐ 관용어

• 눈이 높다 : 안목이 높다. 眼光高
• 음식 구경도 못 하다. : 맹물조차 전혀 입에 대지 못하고 완전히 굶다. 表示连续几天滴水
　　　未沾, 形容极其饥饿的状态

✳ 모르는 사람도 이모, 언니, 삼촌

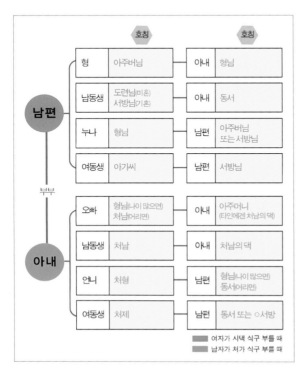

한국은 호칭이 다양하다. 우선 가족에게 사용하는 호칭을 살펴보면 언니, 누나, 형, 삼촌, 숙모, 고모, 이모, 고모할머니, 당숙, 당숙모 등 다 외우기도 벅차다. 사촌, 오촌, 육촌으로 구분하는 것이 아니라 같은 촌수라도 외가나 친가, 서열 등에 따라서 그 호칭이 세분화되어 있다. 예를 들어 사촌도 친사촌과 외사촌으로 구분하며, (외)사촌형, (외)사촌누나, (외)사촌동생 등 서열에 따라서도 호칭이 달라진다.

한국에는 호칭이 아주 세분화되어 있지만 요즘은 그 호칭들을 다 사용하지 않는다. 핵가족화가 되어 가고, 형제나 자매의 수도 적어지다 보니 친척 관계도 갈수록 단순해지기 때문이다. 지금 한국에서 자주 사용되는 호칭은 할아버지, 할머니, 큰(작은) 아버지(어머니), 고모(고모부), 이모(이모부), 삼촌(숙모), 형, 누나, 언니, 오빠 정도이다.

그런데 한국에서 보이는 특이한 현상 중 하나는 남에게도 가족을 부를 때와 동일한 호칭을 사용한다는 것이다. 나보다 먼저 학교에 입학한 사람에게 사용하는 '선배'라는 호칭이 존재하지만 형, 오빠, 누나, 언니와 같은 호칭을 더 많이 사용한다. 심지어 식당 점원에게도 이모, 삼촌, 언니라고 부른다.

이러한 문화적 현상은 한국인이 가지고 있는 공동체 의식을 잘 보여준다고 할 수 있다. 한국인들은 '나'와 '너'라는 말보다 '우리'가 더 익숙하고 편안하다고 느낀다. 내 옆집에 사는 사람들은 옆집 사람이 아니라 이웃 '사촌'이다. 혈연이 없음에도 피가 섞여 있는 가족이나 친척을 대하듯이 하는 이러한 모습은 한국인에게 '정'이 '피'만큼이나 중요한 요소임을 말해준다. 집밖에도 이모와 삼촌과 언니, 오빠, 동생들이 존재하는 한국은 흡사 거대한 하나의 가족공동체와 같다고도 볼 수 있다.

● ● ● ●

• **호칭**(呼稱) : 이름 지어 부름. 또는 그 이름. 稱呼

• **숙모**(叔母) : 숙부의 아내. 작은어머니. 婶婶

• **고모**(姑母) : 아버지의 누이. 姑姑

• **당숙**(堂叔) : 아버지의 사촌 형제로 오촌이 되는 관계. 堂叔

• **당숙모**(堂叔母) : 당숙의 아내. 堂婶

• **벅차다** : 감당하기가 어렵다. 吃力, 费劲

• **촌수**(寸數) : 친족 사이의 멀고 가까운 정도를 나타내는 수. 또는 그런 관계. 辈数

• **외가**(外家) : 어머니의 친정. 母亲那边的亲戚

• **친가**(親家) : 아버지의 일가. 父亲那边的亲戚

• **서열**(序列) : 일정한 기준에 따라 순서대로 늘어섬. 또는 그 순서. 序列, 辈分

• **세분화**(細分化) : 사물이 여러 갈래로 자세히 갈라짐. 또는 그렇게 갈라지게 함. 细化, 细分

• **익숙하다** : 어떤 일을 여러 번 하여 서투르지 않은 상태에 있다. 熟悉, 熟知

• **혈연**(血緣) : 같은 핏줄에 의하여 연결된 인연. 血缘

✳ 진가리 샘! 중국에서는요?

 TIP

대상	방법	예문
학생이 선생님에게	'성씨+직함'으로 부른다.	진선생(陈老师), 이교수(李教授), 유원장(俞院长), 소교장(苏校长)
친한 연상 친구에게	이름을 부른다.	서건(续健), 립원(立元)
처음 만나는 사람에게	남자에게 : '성씨+ 선생(先生)' 여자에게 : '성씨+아가씨(小姐)'	김 선생(金先生), 왕 아가씨(王小姐)
어른이 아랫사람에게	1) 이름을 부른다. 2) 이름 중 뒤의 글자를 중첩하여 부른다. 3) 작을 '소(小)' 자를 이름 중 뒤의 글자 앞에 붙여 부른다.	정위(政伟), 위위(伟伟), 소위(小伟)
식당에서 종업원을 부를 때	관련된 호칭어를 사용하여 부른다.	아가씨(小姐), 웨이터(服务员), 사장님(老板), 미녀(美女) 등

1. 다음과 관련된 것을 연결해 보세요.

이모 •   • 아버지의 누이

숙모 •   • 어머니의 여자 형제를 이르거나 부르는 말

고모 •   • 아버지의 친형제자매의 아들이나 딸과의 촌수

사촌 •   • 작은어머니

2. '모르는 사람도 이모, 언니, 삼촌'을 읽고 ○, ×를 표시하세요.

① 한국에서는 같은 촌수라도 외가나 친가, 서열 등에 따라서 그 호칭이 달라진다. (   )

② 한국에서는 호칭이 아주 세분화되어 있지만 요즘은 그 호칭들을 다 사용하지 않는다. (   )

③ 한국에서는 식당 점원에게도 이모, 삼촌, 언니라고 부를 수 있다.

(   )

3. '음식 구경을 못 하다'라는 말은 무슨 뜻일까요? 이 관용어를 사용하여 문장을 만들어 보세요.

함께 써 봐요

➠ 주제 : 한국에서 호칭을 잘못 썼던 적이 있나요? 기억에 남는 일이나 한국 호칭
어에 대한 생각을 써 보세요.

➠ 제목 : _____

|200

|400
초급

|600
중급

|800
고급

➡ '우리집의 가계도'를 그려 보세요.

식사하셨어요?

김교수 : 희선이 밥 먹었니?

희　선 : 예. 교수님께선 진지 드셨어요?

김교수 : 이제 난 다 먹고 연구실 들어가려고. 송위하고 같이 먹으려고?

희　선 : 네. 그럼 안녕히 가세요.

송　위 : 안녕히 가세요.

김교수 : 그래. 나중에 봐.

송　위 : 네. 근데 교수님은 왜 저희만 보시면 밥 먹었냐고 물어보세요?

김교수 : 송위가 또 <u>진땀을 빼게</u> 하네?

희　선 : 그게 아니라…….

송　위 : 저희가 배고파 보이세요?

김교수 : 송위 때문에 내가 웃고 산다니까. 희선이 네가 이야기해 줘.

희　선 : 네, 알겠습니다.

김교수 : 한국 문화 잘 알려 줘. 나 간다.

희　선 : 안녕히 가세요. 송위 너는 인사를 그렇게 들으면 어떡해.

송　위 : 무슨 인사?

희　선 : 한국에서는 '식사하셨어요?'가 '안녕하세요?'와 거의 같은 인사야.

송　위 : 왜?

희　선 : 또 설명하라고? 휴! 너랑 친구하기 진짜 힘들다.

송　위 : 궁금해. 빨리 알려 줘.

희　선 : 그게 말이지……. <u>금강산도 식후경</u>이라니까 밥 먹으면서 설명할게.

송　위 : 그건 또 무슨 말이야? 정말 한국어 배우기 어렵다. 어려워.

희　선 : 비슷한 말도 잘 배워 두면 재미있을 거야. 힘내.

🖋 관용어

- **진땀을 빼다** : 어려운 일이나 난처한 일을 당해서 진땀이 나도록 몹시 애를 쓰다. 流了一身躁汗, 形容遇到棘手或难以处理的事情而急得满头大汗

- **금강산도 식후경** : 아무리 재미있는 일이라도 배가 불러야 흥이 나지 배가 고파서는 아무 일도 할 수 없음을 비유적으로 이르는 말. 金刚山也是饭后才观赏的景, 即 "民以食为天"

✳ 한국인은 식사를 정말 좋아해

　한국은 예로부터 '동방예의지국'이라고 불려 왔다. 그만큼 한국은 존댓말이 발달되어 있고, 인사말도 다양하다. 한국에서 '인사'는 상대방의 안부를 묻는 것 이상의 의미를 지닌다. 인사는 인간으로서 지녀야 하는 기본적인 태도를 평가하는 수단이 되기도 한다. 그래서 한국에서 인사를 잘 하는 것은 매우 중요하다.

　한국의 가장 기본적인 인사 예절은 고개를 숙이는 것이다. 반드시 고개와 상체를 함께 숙이며 인사를 해야 한다. 만약 앉아 있다가 어른을 만나게 될 경우에는 일어나서 고개를 숙여야 한다. 어른들에게 인사를 하면서 손을 흔들거나 고개만 까딱하고 움직이는 것은 예의에 크게 어긋난다.

　한국에서 인사를 할 때는 고개만 숙이는 것으로 끝나지 않는다. 인사말이 늘 따라붙는다. 한국에서는 '밥'과 관련된 인사말이 가장 보편적으로 사용된다. "식사하셨습니까?", "밥 먹었니?", "밥 먹으러 가?", "언제 한번 밥 먹자." 등이 대표적이다. 이 인사말들은 밥을 먹었는지 혹은 먹을 것인지가 궁금해서 물어보는 것이 아니다. "안녕?", "다음에 봐."라는 말의 한국식 표현이다. 그렇지만 어른에게 안부를 물을 때는 '식사'라는 단어보다는 '진지'라는 단어를 사용하여야 한다. "진지 드셨습니까?" 혹은 "진지 잡수셨습니까?"라는 존댓말을 사용하여 예의를 갖추어야 한다.

　가족의 동의어인 식구(食口)는 '밥 먹는 입' 즉 함께 밥 먹는 사람을 뜻한다. 가족은 매일 함께 밥을 먹는 사람들이기 때문이다. 세상 모든 민족에게 '먹는' 행위는 중요하지만 한국은 특히 무엇인가를 함께 먹으면서 생기는 정을 중요하게 생각한다. 그래서 함께 밥을 먹고 술을 마시면 친해질 수 있다고 여긴다. 이렇듯 먹는 것으로 상징되는 '정'이 인사말에도 고스란히 녹아 있다고 볼 수 있는 것이다.

- **동방예의지국**(東方禮儀之國) : 동쪽에 있는 예의에 밝은 나라라는 뜻으로, 예전에 중국에서 한국을 이르던 말. 东方礼仪之国
- **태도**(態度) : 몸의 동작이나 몸을 가누는 모양새. 态度
- **고개** : 목의 뒷등이 되는 부분. 后颈, 头
- **숙이다** : 앞으로나 한쪽으로 기울어지다. 低下
- **상체**(上體) : 몸의 윗부분. 上半身
- **까딱하다** : 고개 따위를 아래위로 가볍게 한 번 움직이다. 一动儿
- **어긋나다** : 기대에 맞지 아니하거나 일정한 기준에서 벗어나다. 违背, 相悖
- **따라붙다** : 현상, 조건, 물건, 사람 따위가 늘 붙어 다니다. 紧跟其后
- **특이하다**(特異--) : 보통 것이나 보통 상태에 비하여 두드러지게 다르다. 特別
- **안부**(安否) : 어떤 사람이 편안하게 잘 지내고 있는지 그렇지 아니한지에 대한 소식. 또는 인사로 그것을 전하거나 묻는 일. 间候
- **동의어**(同義語) : 뜻이 같은 말. 同义词
- **식구**(食口) : 한집에서 함께 살면서 끼니를 같이하는 사람. 家人
- **고스란히** : 건드리지 아니하여 조금도 축이 나거나 변하지 아니하고 그대로 온전한 상태로. 完整无缺地, 原封不动地

✳ 진가리 샘! 중국에서는요?

- 한국인에게는 욕 같이 들리는 중국의 일상 인사말
  "밥 먹었어?" – "치판러마(吃饭了吗)?"

- 그 외의 친한 친구끼리의 인사말
  "어디 가세요?/어디 가? – 취나얼(去哪儿)?"
  "뭘 하러 가세요?/뭘 하러 가? – 간쓰알취 (干啥去)? 등

- 중국인의 인사법
  공식적인 자리 – 고개를 숙여 인사하고 나서 악수를 한다.
  일상생활에서 – 웃으며 양손을 흔들며 반갑게 인사한다.

1. 다음과 관련된 것을 연결해 보세요.

한국 •   • 밥 먹는 입

식구 •   • 동방예의지국

인사 예절 •   • 고개 숙여 인사

2. '한국인은 식사를 정말 좋아해'를 읽고 ○, ×를 표시하세요.

① 한국의 가장 기본적인 인사 예절은 손을 흔드는 것이다.   (   )

② 앉아 있다가 어른을 만나게 되면 자리에서 일어나서 고개를 숙여 인사해

야 한다.   (   )

③ 한국 사람들은 상대방이 밥을 먹었는지 알기 위해서 '안녕하세요.'라고

인사한 후에 항상 '밥 먹었어요?' 등과 같은 밥과 관련된 인사말을 한다.

                                                         (   )

3. '금강산도 식후경'이라는 말은 무슨 뜻일까요? 중국 속담 중에 이와 비슷한

것이 있나요? 이야기 해보세요.

➠ 주제 : 스승의 날을 맞이한 선생님께 이메일을 써 보세요.

➠ 제목 : _____

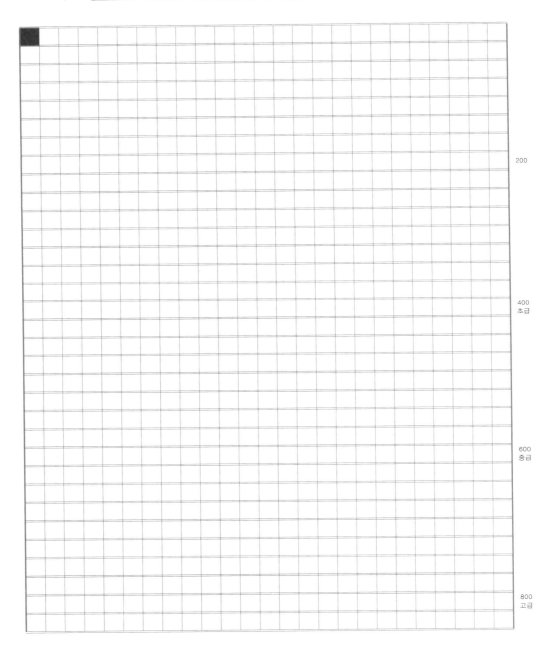

200

400
초급

600
중급

800
고급

🌱 같이 해 봐요

➡ 다음에 주어진 단어를 활용하여 대화에서 잘못된 부분을 찾아 고치세요.

- 생일/ 생신
- 밥/진지
- 나이/연세
- 집/댁
- 나/저
- 아프다/편찮다
- 있다/계시다
- 묻다/여쭙다
- 주다/드리다
- 만나다/뵙다

♣ 송위 : 선생님! 물어볼 게 있어요. 연구실에 언제 있어요?

☞

♣ 송위 : 희선아, 저 뵙고 싶어요?

☞

♣ 송위 : 할머니, 나중에 내가 중국에 가서 선물 사줄게요.

☞

상황별 언어예절

- 생일 축하 : 축하합니다.
- 아기 돌잔치에서 : 건강하게 자라라.
- 회갑, 고희, 팔순 잔치에서 : 더욱 건강하시기 바랍니다.
- 결혼식에서 : 결혼을 축하합니다.
- 아이를 낳았을 때 : 축하합니다. 순산하셨다니 반갑습니다.
- 병원에 갔을 때 : 좀 어떠십니까? 얼마나 고생이 되십니까?
- 장례식장에서 : 삼가 조의를 표합니다. 얼마나 슬프십니까? 뭐라 드릴 말씀이 없습니다.
- 전화를 받을 때 : (집에서) 여보세요?

    (직장에서) 네, ○○○○(회사이름)입니다.
- 전화를 걸 때 : 안녕하십니까? 저는 ○○○입니다. ○○○씨 계십니까?
- 전화를 끊을 때 : 안녕히 계세요.
- 선물을 받을 때 : 고맙습니다. 잘 쓰겠습니다.

밥과 관련한 관용어 · 속담

- [관용어]밥(을) 벌다

  일정한 노력을 들여서 먹을 것이나 대가를 얻다. 靠劳动获得食粮或者某种价值

- [관용어]밥(을) 주다

  시계가 정상적으로 작동하도록 태엽을 감아 주다. 上发条

- [관용어]밥 구경(을) 하다

  오래간만에 밥을 먹다. 好不容易吃上饭

- [관용어]밥 구경을 못하다

  밥을 전혀 먹지 못하고 굶다. 饿肚子

- [관용어]밥 먹듯 하다

  예사로 자주 하다. ~成了习惯/成性, 经常~

- [속담]밥 먹을 때는 개도 안 건드린다.

  비록 하찮은 짐승일지라도 밥을 먹을 때에는 때리지 않는다는 뜻으로, 음식을 먹고 있을 때에는 아무리 잘못한 것이 있더라도 때리거나 꾸짖지 말아야 한다는 말. 吃饭皇帝大, 指在吃饭的时候, 谁都不能打扰, 即使打骂责备也应在吃完饭以后才进行

- [속담]밥 안 먹어도 배부르다

  기쁜 일이 생겨서 마음이 매우 흡족하다는 말. 不吃自饱, 比喻人逢喜事不觉饿

무궁화 삼천리 금수강산

송위 : 뭐 먹어?

희선 : 멀미약.

송위 : 왜? 어디 가?

희선 : 서울. 서울까지 가려면 버스로 4시간이나 가야 해.

송위 : 그게 뭐가 멀어? <u>엎어지면 코 닿을 데이구먼.</u>

희선 : 무슨 소리야? 4시간인데. 너희 집에서 북경까진 얼마나 걸려?

송위 : 뭘 타고?

희선 : 글쎄⋯⋯. 버스?

송위 : 버스 타고 11시간? 900km이니까.

희선 : 세상에, 그렇게 멀어? 한번 가려면 정말 힘들겠다.

송위 : 그래서 나 아직 한 번도 안 가 봤어.

희선 : 중국 사람이 북경을 한 번도 안 가 봤다고?

송위 : 멀어서 가고 싶어도 못 갔어.

희선 : 어쩔 수 없이 비행기 타야겠네.

송위 : 비행기로도 1시간 10분 걸려.

희선 : 이럴 땐 내가 중국인이 아닌 게 다행스럽게 생각돼.

송위 : 한국의 다른 도시 이야기도 해 줘 봐.

희선 : 6개의 광역시가 있지. 부산, 울산, 인천, 대구, 대전, 광주. 경상도에 세 개, 전라도, 충청도에 하나!

송위 : 인천은 알아. 인천공항 있는 데잖아.

희선 : 맞아. 그 도시들이 어떤 데인지 궁금하지 않아? 도서관 가서 찾아보자.

송위 : 너 또 공부하려는 거지. 내가 <u>한 번 속지 두 번은 안 속아</u>.

희선 : 너처럼 잘 생긴 애는 공부만 하면 완벽해질 텐데?

송위 : <u>비행기 태우지 마</u>. 그러다 떨어지면 엄청 아파.

✎ 관용어

• 엎어지면 코 닿을 데 : 매우 가까운 거리를 비유적으로 이르는 말. 近在咫尺

• 한 번 속지 두 번 속나 : 처음에는 모르고 속을 수 있으나 두 번째는 그렇지 아니하다는 말. 被骗一次还会被骗第二次吗

• 비행기(를) 태우다 : 남을 지나치게 칭찬하거나 높이 추어올려 주다. 吹捧，捧上天

✹ 한국 팔도(八道) 유람기

대한민국의 행정구역은 특별시(特別市)·광역시(廣域市)·도(道)·시(市)·군(郡)·구(區)·읍(邑)·면(面)·동(洞)·리(里)로 나누어진다. 도는 강원도, 경기도, 충청북도, 충청남도, 경상북도, 경상남도, 전라북도, 전라남도로 8개이다. 제주도는 특별자치도(特別自治道)로 구분된다. 시는 특별시, 광역시, 시로 구분되는데, 서울특별시와 6개의 광역시(인천, 대전, 대구, 광주, 울산, 부산)가 있다. 최근 정부 청사들이 옮겨 간 세종시는 특별자치시(特別自治市)이다.

서울은 대한민국의 수도이다. 1392년 수도로 정해진 서울은 600년의 긴 역사만큼이나 다양한 문화가 공존하는 문화의 중심지이다. 경복궁, 창덕궁, 창경궁 등 고풍스러운 궁궐이나 한옥마을이 있는가 하면 최첨단을 자랑하는 쇼핑몰이 기세등등하게 서 있기도 한다.

강원도와 경기도는 산이 많은 지역이다. 강원도는 춥기는 하지만 눈이 많이 와서 겨울에 즐길 수 있는 레저 시설이 잘 갖추어져 있다. 경기도는 서해와 충청도, 강원도와 가까우며 바다, 강, 산, 평야가 두루 있어 여행할 곳이 많다. 경기도와 인접한 인천광역시는 한국 제 2의 항구도시이자 한국의 관문인 인천공항이 있는 곳이다. 인천에는 차이나타운이 조성되어 있기도 하다. 충청도에는 대전광역시와 세종특별자치시가 있다. 대전은 한국 교통의 요지다. 철도와 고속도로가 모두 대전에서 갈라지기 때문이다. 세종특별자치시는 수도권 기능을 분산시키고 국토의 균형 있는 발전을 위해 2012년에 충청남도 연기군 일대를 세종시라는 이름으로 바꾸고 행정 부처를 이곳으로 이전시켰다.

경상도는 가장 많은 광역시가 있는 곳이기도 하다. 부산광역시는 한국 제 2의 수도이자 제1의 항구도시이며 서울 못지않은 역사와 문화를 자랑하는 곳이다. 부

산을 대표하는 해운대 해수욕장은 여름
철이면 수많은 인파가 모여들어 발 디
딜 틈이 없을 정도로 유명한 휴양지이
기도 하다. 대구광역시는 분지 지형이라
서 덥고 춥기로 유명한 곳이다. 교육열
이 높아 광주와 더불어 교육도시로 불
리기도 한다. 섬유 산업의 중심지이기도
하다. 울산광역시는 한국의 대표적인 산
업 도시이다. 울산은 옛날에 고래가 많
이 잡혔던 지역으로 고래박물관, 고래
축제 등 고래를 이용한 관광업이 발달
해 있다.

전라도는 곡창지대로서 드넓은 평야가 펼쳐져 있다. 전라도는 문화와 예술이
발달하고 음식 맛도 훌륭해서 '맛'과 '멋'의 고장이라고도 한다. 전라도에 있는 광
주광역시는 대표적인 교육도시이다. 그리고 한국의 민주화를 이끌어 낸 유서 깊은
지역이기도 하다.

한국의 대표적인 관광지인 제주도는 천혜(天惠)의 아름다움을 자랑한다. 한라
산과 용암동굴은 세계문화유산으로 지정되어 있다. 제주도를 상징하는 말로 '삼다
(三多)', '삼무(三無)'가 있는데 '삼다'는 '돌, 여자, 바람'이 많다는 뜻이고, '삼무'는
'거지, 도둑, 대문'이 없다는 뜻이다. 그만큼 아름답고 평화로운 곳이 제주도이다.
최근에는 올레길이나 둘레길 등이 만들어져 제주도의 아름다운 풍경을 걸어서 즐
길 수 있다.

- **공존**(共存) : 두 가지 이상의 사물이나 현상이 함께 존재함. 共存

- **고풍스럽다**(古風---) : 보기에 예스러운 데가 있다. 古色古香

- **기세등등하다**(氣勢騰騰--) : 기세가 매우 높고 힘차다. 气势汹汹, (建筑物) 高大威武

- **레저**(leisure) : 일이나 공부 따위를 하지 않아도 되는 자유로운 시간. 또는 그 시간을 이용하여 쉬거나 노는 일. 여가 활동. 休闲

- **요지**(要地) : 정치, 문화, 교통, 군사 따위의 핵심이 되는 곳. 要塞

- **분산**(分散) : 갈라져 흩어짐. 또는 그렇게 되게 함. 分散

- **이전**(移轉) : 장소나 주소 따위를 다른 데로 옮김. 转移

- **항구도시**(港口都市) : 항구가 있는 바닷가 도시. 港口城市

- **모여들다** : 여럿이 어떤 범위 안을 향하여 오다. 聚集

- **발(을) 디딜 틈이 없다** : 복작거리어 혼잡스럽다. 无立足之地

- **분지**(盆地) : 해발 고도가 더 높은 지형으로 둘러싸인 평지. 보통의 평야보다 해발 고도가 높으며, 기온의 교차가 큰 내륙성 기후를 나타낸다. 盆地

- **곡창지대**(穀倉地帶) : 쌀 따위의 곡식이 많이 나는 지대. 粮仓地带

- **민주화**(民主化) : 민주적으로 되어 가는 것. 또는 그렇게 되게 하는 것. 民主化

- **올레길** : 올레의 원뜻은 '집 대문에서 마을길까지 이어지는 아주 좁은 골목'. 제주도의 풍경을 보며 걷기 좋은 길들을 엮어 만들었다. 济州岛方言'올레'原为"小巷"的意思, '올레길' 现指适合游客徒步旅行的路线.

- **둘레길** : 거주 지역, 명소 따위의 주변에 난 길을 말한다. 산책을 위한 길이 일반적이다. '둘레'意为"~围, 周长", '둘레길'指环绕一座小岛或者城市的周边道路.

TIP

중국은 진령(秦岭)－회하(淮河)에 따라 남부지방과 북부지방으로 나뉜다. 남부지방과 북부지방은 지리적 차이뿐만 아니라 음식, 사람들의 체형과 성격, 언어의 차이가 뚜렷하다.

특징＼지역	북부지방	남부지방
기후	강수량 少, 가뭄 발생률 高	강수량 多, 홍수·태풍 발생률 高
체격	키가 크고 골격이 굵다	키가 작고 골격이 가늘다
성격	활달하다	영리하다
음식	밀가루, 짜다, 밥그릇 大	쌀, 싱겁다, 밥그릇 小, 국물 요리多
언어	사투리가 있지만 비교적 単一	언어 종류가 多
주류	고량주, 맥주	황주, 맥주

1. 다음과 관련된 것을 연결해 보세요.

인천 •   • 산업도시

대구 •   • 제2의 항구도시

광주 •   • 맛과 문화의 도시

부산 •   • 교통의 요지

대전 •   • 휴양, 항구 도시

울산 •   • 분지

2. '한국 팔도(八道) 유람기'를 읽고 ○, ×를 표시하세요.

① 한국은 7도로 나누어진다.   (   )

② 한국의 광역시는 서울, 인천, 대구, 광주, 울산, 부산으로 총 6개이다.

                                                                 (   )

③ 인천시는 한국 제2의 항구도시이다.   (   )

④ 수도권 기능을 분산시키고 국토의 균형 있는 발전을 위해 세종시가 만들
어졌다.   (   )

3. '비행기를 태우다'라는 말은 무슨 뜻일까요? 함께 대화문을 만들어서 이야
기 해보세요.

➡ 주제 : 한국 여행 경험을 써 보세요.

➡ 제목 : _____

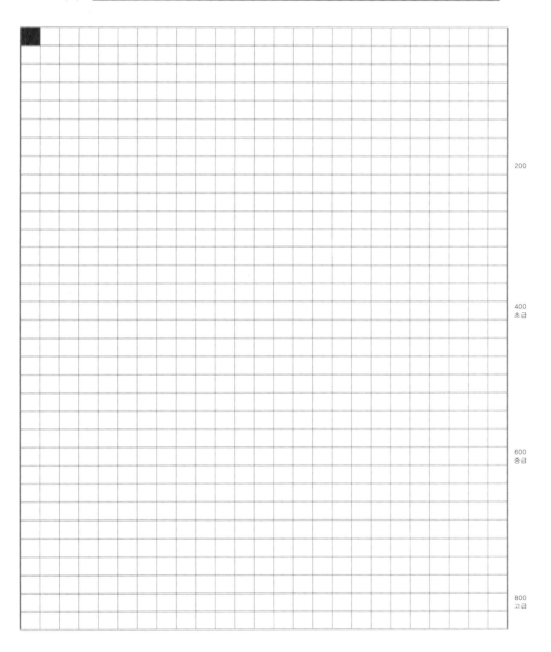

같이 해 봐요

➠ 한국 여행 사진을 보면서 함께 이야기 해보세요.

● 한국의 대표적인 축제

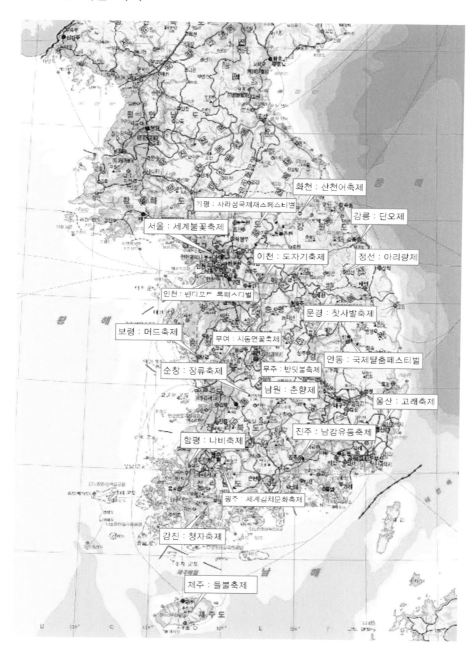

화천 : 산천어축제
기평 : 사라섬국제재즈페스티벌
강릉 : 단오제
서울 : 세계불꽃축제
이천 : 도자기축제
정선 : 아리랑제
인천 : 쎈디모F 록페스티벌
문경 : 찻사발축제
보령 : 머드축제
부여 : 서동연꽃축제
안동 : 국제탈춤페스티벌
순창 : 장류축제
무주 : 반딧불축제
남원 : 춘향제
울산 : 고래축제
함평 : 나비축제
진주 : 남강유등축제
광주 : 세계김치문화축제
강진 : 청자축제
제주 : 들불축제

뭐라카노!

희　선 : 할머니, 저희 과 친구 소개할게요.

송　위 : 안녕하세요? 희선이 친구 송위예요.

할머니 : 중국서 왔다 캤나? 먼데서 오느라 욕봤겠네.

송　위 : 예?

희　선 : 아. 놀라지 마. 할머니 중국 사람한테 그렇게 이야기하면 어떡해요?

할머니 : 그럼 우째 이바구하노?

희　선 : 어? 그렇지.

할머니 : 정구지찌짐 해 놨으니까 입맛에 안 맞아도 묵어 봐래이.

희　　선 : 할머닌 <u>손도 크셔</u>. 이렇게 많이 어떻게 먹어요?

할머니 : <u>배가 등에 붙는 것</u>보다는 낫잖아. 정구지찌짐 어서 묵어래이.

송　　위 : 정구지찌짐?

희　　선 : 부추전. 너 막걸리랑 먹는 거 좋아하잖아.

송　　위 : 아. 근데 왜 그렇게 불러?

희　　선 : 경상도말로 부추가 정구지야.

송　　위 : 정구지? 재밌네. 다른 말도 알려 줘.

희　　선 : 단디?

송　　위 : 무슨 뜻이야?

희　　선 : 야무지게 하라는 뜻이지.

송　　위 : 네가 늘 나한테 하는 말이네. 한국말도 지역마다 달라?

희　　선 : 그럼 경상도말, 전라도말, 충청도말, 강원도말, 그리고 네가 배우고 있는 표준어인 서울말. 아참 제주도도 있어.

송　　위 : 제주도도?

희　　선 : 제주도 말은 많이 달라서 한국 사람들도 잘 몰라.

송　　위 : 하긴 중국인들도 지역이 다르면 잘 못 알아들어. 그래서 표준어 공부 꼭 해야 해.

희　　선 : 그래? 중국은 한국보다 넓으니까 훨씬 안 통하겠다. 정구지찌짐 먹으면서 이야기해 보자. 재밌겠다.

✏ 관용어

• 손이 크다 : ① 씀씀이가 후하고 크다. ② 수단이 좋고 많다. ① 出手大方, ② 招儿多

• 배가 등에 붙다 : 먹은 것이 없어서 배가 홀쭉하고 몹시 허기지다. 肚皮都贴后背上了, 比喻没有吃的东西，非常饥饿

✳ 아따, 그라지 말고잉~ 어여 묵으라 안카나. 퍼뜩 묵아.

방언은 특정 지역에서 쓰는 말을 뜻한다. 사투리라는 말로 더 자주 쓰인다. 한국 방언에는 경기도 방언, 강원도 방언, 충청도 방언, 전라도 방언, 경상도 방언, 제주도 방언 등이 있다. 강원도 방언은 '먹아(먹어)'처럼 '어'를 '아'로 발음하는 경우가 많다. 그리고 '~드래요'로 끝나는 말도 많다. 예를 들면 '밥 먹었드래요?' 이런 식이다. '팔을 이래이래 막 휘저으믄 다리가 빨라지미 다리가 빨라지믄 팔은 더 빨라지미'라는 강원도 사투리는 영화 속 대사로 크게 유행하기도 했다.

경기도는 어휘에서 지역적 특색이 나타나기는 하지만 억양에서는 서울말과 큰 차이가 없다. 서울말은 억양에서 큰 변화를 보이지 않는 편이다. '~어?'나 '~니?'로 말이 끝나는 편이다. 그래서 경상도 사람이 경상도 방언인 '니 씻겠나?'를 서울말로 바꿔 말하면서 '너 씻겠니?'라고 말해서 주위를 웃음바다로 만드는 경우도 있다. 이것을 서울말로 표현하면 '너 씻었니?'라고 해야 하기 때문이다.

충청도는 거의 대부분의 말이 '~유'나 '~여'로 끝난다. '어서 가유.', '와들 그라는겨.'가 충청도 방언의 예이다. 충청도 말의 특징은 느리다는 데 있다. 그래서 누군가가 굴러오는 돌을 발견하고 사람이 다칠까봐 '돌 굴러가유.'라고 소리친 뒤에는 벌써 누군가가 돌에 깔린 다음일 것이라는 우스갯소리가 있을 정도다.

전라도와 경상도 방언은 방송에서도 비교적 많이 사용되어 한국인들에게 익숙하다. 전라도 방언은 '~라'나 '~잉'으로 끝나는 말이 많다. 경상도 방언은 '~나'나 '~노'로 끝나는 말이 많고 억양의 변화가 심한 편이다. '이러지 마세요.'를 각각 전라도와 경상도 방언으로 표현하면 '아따, 이러지 말랑께(잉).'와 '이라지 말라 안카나.' 정도로 표현할 수 있다.

▲ 방언으로 진행된 드라마들

　　마지막으로 제주도 방언은 '~꽈?'로 끝나는 말이 많고 '아'를 '오'로 발음하는 경우가 많다. '똘래미는 갔수꽈?'라는 제주도 말은 '딸은 갔어요?'라는 의미이다. 제주도 방언은 한국 방언 중에서 제일 알아듣기 어려운 방언이다. 예를 들어 '경호여불가마씸?'이라는 말이 있는데 '그렇게 할까요?'라는 말이다. 한국인들은 이 말을 불경(佛經)같다고 느낄 정도로 알아듣기 어려워한다.

　　이렇듯 지역마다 특색 있는 방언이 존재한다. 그렇지만 최근에는 대중 매체의 발달로 표준어가 익숙해지면서 각 지역의 방언이 사라지고 있는 추세다.

●　●　●　●

- **어휘(語彙)** : 어떤 일정한 범위 안에서 쓰이는 단어의 수효. 또는 단어의 전체. 词汇
- **억양(抑揚)** : 음(音)의 상대적인 높이를 변하게 함. 또는 그런 변화. 음절 억양, 단어 억양, 문장 억양 따위가 있다. 语调
- **웃음바다** : 한데 모인 수많은 사람이 유쾌하고 즐겁게 마구 웃어 대는 웃음판을 비유적으로 이르는 말. 哄堂大笑
- **우스갯소리** : 남을 웃기려고 하는 말. 引人发笑的言语
- **추세(趨勢)** : 어떤 현상이 일정한 방향으로 나아가는 경향. 趋势

✳ 진가리 샘! 중국에서는요?

● 7대 방언 외의 방언

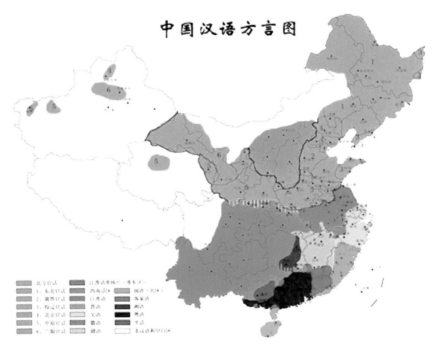

● 溫水(미지근한 물), 結婚(결혼) 등을 방언으로 이야기 해보자.

표준어 \ 발음	방언1	방언2	방언3	방언4	방언5	방언6
温水						
结婚						
地板						
기타						

1. 다음과 관련된 것을 연결해 보세요.

표준어	방언	지역 이름
먹어. •	• 굴러가유. •	• 전라도
이러지 마세요. •	• 가가 가가? •	• 경상도
굴러가요. •	• 먹아. •	• 충청도
그 아이가 그 아이인가? •	• 이러지 말랑께잉. •	• 강원도

2. '아따, 그라지 말고잉~ 어여 묵으라 안카나. 퍼뜩 묵아.'를 읽고 ○, ×를 표
   시하세요.

   ① 한국은 '시' 단위로 6개의 방언이 있다.   (   )

   ② 경기도 말과 서울말은 큰 차이가 없다.   (   )

   ③ 경상도 방언은 억양의 변화가 심한 편이다.   (   )

3. '손이 크다'라는 관용어는 무슨 뜻일까요? '손'과 관련된 관용어를 더 찾아
   보고 설명해 보세요.

함께 써 봐요

➠ 주제 : 한국 방언 중 가장 특이하게 생각되는 단어 몇 가지를 적고 그 이유를 쓰세요.

➠ 제목 : _____

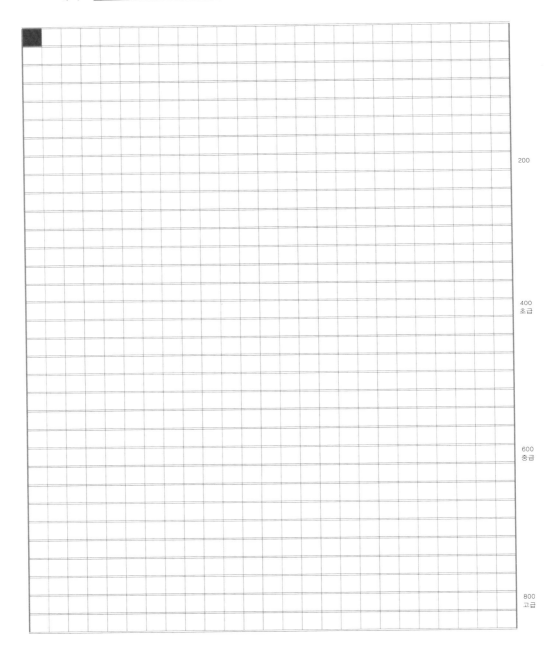

200

400
초급

600
중급

800
고급

➡ 좋아하는 한국 노래 한 곡을 선택하여 그것을 방언으로 바꾸어 불러 보세요.

가사 (표준어 판)	가사 (방언 판)

같이 해 보요 2

➠ 한국 인터넷 사이트를 검색하여 MBC 경남 다큐멘터리 〈사투리의 눈물〉을 감상
해 볼까요?

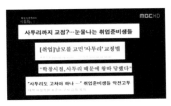  

한국 방언 비교

- 할머니 : 할매(강원, 경남, 전남, 충남)·할망(경북, 제주)·할마이(경남, 함남, 황해)
- 감자 : 감재(강원, 전남, 평북, 함북)
    * 전라도 : 감재(고구마)
- 부추 : 정구지(경상 :경북/경남, 전북, 충청)·솔(전남)·소풀(경남 남해안)
- 김치 : 짐치(강원, 경기, 경남, 전남, 충청, 함경)
- 가위 : 가새(경기, 경상, 전라, 충청), 깍개(경북), 가시개(경남)

한국 돈

한국 문화가
돈에 들어 있네

송위 : 선생님이 사야 한다고 한 책 말이야. 얼마 필요해?

희선 : 책값이 55,500원이야.

송위 : 그렇게 비싸? 나같이 가난한 유학생한텐 <u>허리가 부러지는</u> 일이야.

희선 : <u>허리띠를 졸라매더라도</u> 이 책은 꼭 사야 해. 지금 줘.

송위 : 잠깐만. 돈이 얼마나 있는지 지갑 봐야지.

희선 : 신사임당 한 장에, 이이, 학 줘. 오만 오천 오백 원.

송위 : 어? 돈 달라면서 그건 뭐야?

희선 : 너 한국 돈에 새겨진 사람 몰라?

송위 : 잘 보지 않았어. 잠깐 오만 원에 그려진 사람은 여잔데?

희선 : 아! 그 분이 신사임당이야.

송위 : 훌륭한 사람인가 봐. 여기에도 새겨져 있고.

희선 : <u>두말하면 잔소리지</u>. 한국의 대표적인 현모양처야.

송위 : 현모양처?

희선 : 좋은 엄마이면서 아내라는 거지. 오천 원 권에 실린 이이의 어머니이시
기도 해.

송위 : 어머니랑 아들이 모두 그렇게 훌륭하다는 거야? 대단한 집안이네.

희선 : 그렇지. 나도 신사임당처럼 훌륭한 현모양처가 될 거야.

송위 : 에이, 천방지축인 네가?

희선 : <u>찬물 끼얹지 마</u>. 나도 좋아하는 남자 앞에선 요조숙녀야. 얼른 돈이나 줘.

송위 : 알았어.

✎ 관용어

• 허리가 부러지다 : 어떤 일에 대한 부담이 감당하기 어려운 상태가 되다. 累弯腰

• 허리띠를 졸라매다 : ① 검소한 생활을 하다. ② 마음먹은 일을 이루려고 새로운 결의와
단단한 각오로 일에 임하다. ① 勒紧裤腰带 ② 摩拳擦掌

• 두말하면 잔소리다 : 이미 말한 내용이 틀림없으므로 더 말할 필요가 없음을 강조하여
이르는 말. 毋庸赘述, 不用多说

• 찬물 끼얹다 : 잘 되어 가고 있는 일에 뛰어들어 분위기를 흐리거나 공연히 트집을 잡아
헤살을 놓다. 泼冷水

❋ 한국 돈을 보면 한국의 역사가 보인다.

한국 화폐 단위는 '원'이다. 한국 돈은 크게 동전과 지폐로 나뉜다. 동전은 총 4가지로 십 원, 오십 원, 백 원, 오백 원이 있다. 지폐 역시 4가지인데, 천 원, 오천 원, 만 원, 오만 원이 있다. 일 원과 오 원 동전도 있었지만 2006년부터는 발행하지 않는다. 오만 원 권 지폐는 2009년부터 발행되기 시작했다. 한국의 화폐에도 다른 나라와 마찬가지로 한국을 대표하는 인물과 상징물이 그려져 있다.

동전과 지폐 모두 앞, 뒷면에 새겨진 그림이 다르다. 십 원, 오십 원, 백 원, 오백 원의 뒷면에는 각 돈의 액수만큼 숫자가 쓰여 있다. 앞면에는 각각 다보탑, 벼이삭, 이순신 장군, 학이 그려져 있다. 다보탑은 경주 불국사에 있는 화강암으로 만들어진 돌탑이다. 1962년에 국보 20호로 제정되었으며, 일반적인 한국 석탑과 다른 모습을 하고 있어 눈길을 끈다. 벼 이삭 그림은 1972년에 채택되어 오십 원 동전에 새겨졌다. 한민족의 주식이 쌀이며 식량 부족을 극복하고자 하는 염원을 담아 벼 이삭 그림을 그려 넣었을 것이라고 짐작된다.

백 원 동전에 새겨져 있는 이순신 장군은 1592년 일본의 침략을 받았을 때 거북선을 이용하여 일본군을 크게 물리친 장군이다. 1598년 노량이라는 곳에서 일본군과 싸우다가 유탄을 맞고 전사하기 전 '나의 죽음을 적에게 알리지 말라.'라고 유언을 남겼다고 전해진다. 이순신은 세종대왕과 더불어

▲ 세종대왕

한국인이 가장 존경하는 위인이다.

오백 원 동전에 그려져 있는 학은 한
국 고유어로 '두루미'라고 한다. 오백 원
앞면에 학이 날개를 펼치고 날아가는 모
습이 그려져 있는데 학은 한국에서 신선
이 타고 다니는 신성한 동물로 여겨진다.

천 원 권 지폐 앞면에 그려진 인물은
퇴계 이황이며, 오천 원 권에는 율곡 이
이가 그려져 있다. 퇴계 이황과 율곡 이
이는 성리학의 발전에 큰 기여를 한 한
국을 대표하는 학자이자 선비이다.

만 원 권에는 한국에서 가장 위대한
왕으로 칭송받는 세종대왕이 그려져 있

▲ 율곡 이이

다. 세종대왕은 오늘날 한글이라고 부르는 '훈민정음'을 창제하여 한국 고유의 문
자를 가질 수 있게 하였다. 이외에도 경제, 문화, 사회, 과학 분야 등에서 수많은
업적을 남겼다.

마지막으로 오만 원 권 지폐에는 신사임당이 그려져 있는데 한국 화폐에 등장
하는 인물 중 유일한 여성 인물이다. 신사임당은 율곡 이이의 어머니이기도 하다.
신사임당은 한국에서 현모양처의 상징으로 여겨지는 동시에 여류화가로 명성을
떨친 인물이다.

이처럼 한국의 화폐에는 다양한 분야에서 훌륭한 업적을 남긴 인물들이 기록
돼 있다. 뿐만 아니라 한국인이 귀하게 여겼던 동물과 식물, 한국의 유적 등도 확
인할 수 있다. 한국인의 사고와 한국의 역사를 고스란히 느낄 수 있는 것이다.

- **지폐**(紙幣) : 종이에 인쇄를 하여 만든 화폐(貨幣). 纸币
- **발행**(發行) : 화폐, 증권, 증명서 따위를 만들어 세상에 내놓아 널리 쓰도록 함. 发行
- **액수**(額數) : 돈의 머릿수. 数額
- **이삭** : 벼, 보리 따위 곡식에서, 꽃이 피고 꽃대의 끝에 열매가 더부룩하게 많이 열리는 부분. 穗子
- **국보**(國寶) : 나라에서 지정하여 법률로 보호하는 문화재. 国宝
- **채택**(採擇) : 작품, 의견, 제도 따위를 골라서 다루거나 뽑아 씀. 采纳
- **극복**(克復) : 악조건이나 고생 따위를 이겨 냄. 克服
- **염원**(念願) : 마음에 간절히 생각하고 기원함. 또는 그런 것. 心愿
- **거북선** : 임진왜란 때 이순신이 만들어 왜군을 무찌르는 데 크게 이바지한 거북 모양의 철갑선. 세계 최초의 철갑선으로, 등에는 창검과 송곳을 꽂아 적이 오르지 못하게 하였고, 앞머리와 옆구리 사방에는 화포를 설치하였다. 龟船 (壬辰倭乱时期, 朝鲜全罗左道水军节度使李舜臣将军带领士兵和工匠为抵抗日本丰臣秀吉的侵略而制造, 它帮助朝鲜人民对抗日军船舰赢得了数场海战胜利, 因而威名远扬。)
- **유탄**(流彈) : 조준한 곳에 맞지 아니하고 빗나간 탄환. 飞弹
- **전하다** : 후대나 당대에 이어지거나 남겨지다. 传给(下一代)
- **더불다** : 둘 이상의 사람이 함께하다. 一起
- **펼치다** : 접히거나 개킨 것을 널찍하게 펴다. 展开, 展现
- **신선**(神仙) : 도(道)를 닦아서 현실의 인간 세계를 떠나 자연과 벗하며 산다는 상상의 사람. 세속적인 상식에 구애되지 않고, 고통이나 질병도 없으며 죽지 않는다고 한다. 神仙
- **신성**(神聖) : 함부로 가까이할 수 없을 만큼 고결하고 거룩함. 神圣
- **성리학**(性理學) : 중국 송나라·명나라 때에 주돈이(周敦頤), 정호, 정이 등에서 비롯하고 주희가 집대성(集大成)한 유학(儒學)의 한 파. 우리나라에는 고려 말기에 들어와 조선의 통치(統治) 이념(理念)이 되었다. 性理学
- **기여**(寄與) : 도움이 되도록 이바지함. 贡献
- **칭송**(稱誦) : 훌륭한 것을 잊지 아니하고 일컬음. 称颂
- **창제**(創製) : 전에 없던 것을 처음으로 만들거나 제정함. 创制

●**업적**(業績) : 어떤 사업이나 연구 따위에서 세운 공적. 业绩

●**여류**(女流) : 어떤 전문적인 일에 능숙한 여자를 이르는 말. 女流, 指熟知或掌握某一专业领
　　　　域知识的女子。

●**명성**(名聲) : 세상에 널리 퍼져 평판 높은 이름. 名声

✹ 진가리 샘! 중국에서는요?

TIP

❖ 중국 돈
● 중국 지폐 (4기)

	앞면	뒷면
100위안	모택동, 유소기, 주덕, 주은래	징강산(井冈山)
50위안	노동자, 농민, 지식인	황하호구폭포(黄河壶口瀑布)
10위안	소수민족	에베레스트(珠穆朗玛峰)

● 중국 지폐 (5기)

	앞면	뒷면
100위안	모택동	인민대회당(人民大会堂)

● 중국 지폐 (5기)

	앞면	뒷면
50위안	모택동	포탈라궁(布达拉宮)
20위안	모택동	리장산하(漓江山水)
10위안	모택동	장강삼협(长江三峽)

● 중국 동전

	앞면	의미
1위안	국화	장수, 우정
5지아오(角)	연꽃	평화
1지아오(角)	난초	애국, 지조

1. 다음과 관련된 것을 연결해 보세요.

오천원 •   • 이순신

만원 •   • 이이

오만원 •   • 이황

천원 •   • 신사임당

백원 •   • 세종대왕

오백원 •   • 학

2. '한국 돈을 보면 한국의 역사가 보인다.'를 읽고 ○, ×를 표시하세요.

① 만원 지폐에 학자 율곡 이이가 그려 있다.   (   )

② 50원 동전에는 밀 그림이 새겨져 있다.   (   )

③ 이순신 장군은 지폐 속 인물 중 유일한 선비이다.   (   )

④ 이황과 신사임당은 모자 사이이다.   (   )

3. '허리띠를 졸라매다'라는 말은 무슨 뜻일까요? 여러분 허리띠를 졸라 매야 할 상황에 부딪치게 된 경험이 있었어요? 함께 이야기 해보세요.

함께 써 봐요

➡ 주제 : 한국 돈을 쓰면서 겪었던 재미있는 일을 써 보세요.
➡ 제목 : _____

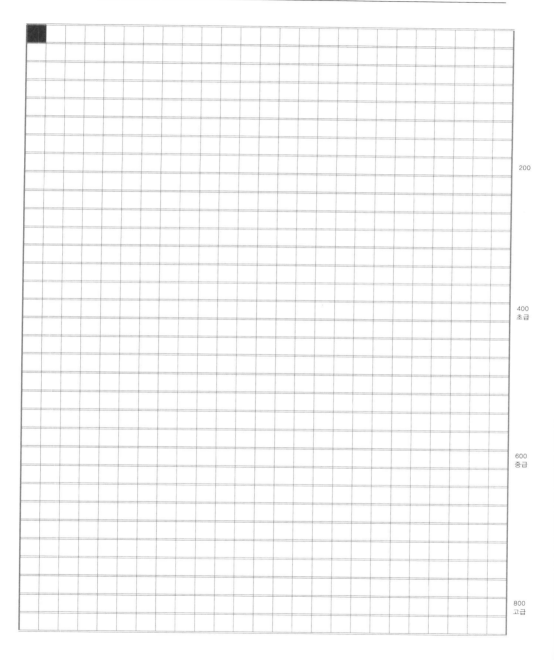

200

400
초급

600
중급

800
고급

➡ 새로운 지폐가 발행된다면 어떤 인물을 추천할 수 있을까요? 함께 찾아보세요.

● 성별

① 남자 :

② 여자 :

● 시대

① 신라 :

② 고려 :

③ 조선 :

④ 개화기, 일제강점기 :

⑤ 현대 :

어디서 잘까요?

희선 : 제주도?

송위 : 방학 때에 가자.

희선 : 중간고사가 코앞인데 시험공부는 안 해?

송위 : 할 거야.

희선 : 방학 때 가자. 나도 가고 싶은 <u>마음이 굴뚝같아</u>. 제주도는 봄, 여름, 가
　　　을, 겨울 모두 멋져서 언제든 괜찮아.

송위 : 정말 같이 갈 거지?

희선 : 계획을 잘 세우면 가고 싶어 하는 친구들이 많을 거야.

송위 : 가면 난 호텔에서 자고 싶어.

희선 : 안 돼. 거긴 비싸.

송위 : 그럼 어디서 자?

희선 : 게스트 하우스에서 자자. 하룻밤에 일, 이만 원이면 충분히 잘 수 있을
거야. 여행 온 친구들도 사귀고, 바비큐 파티도 하고.

송위 : 정말 좋겠다.

희선 : 콘도도 알아보면 있을 거야.

송위 : 게스트 하우스? 콘도? 뭐가 그렇게 어려워?

희선 : 예산에 맞는 숙소를 찾으면 잘 다녀올 수 있어. 모텔, 민박도 있는데?

송위 : 난 바다가 한 눈에 보이는 데서 자고 싶어. 영화에서 봤는데 엄청 멋있
더라고.

희선 : 제주도는 섬이니까 바다 보면서 자는 일이 어렵진 않아. 그러니까 시험
공부 열심히 해.

송위 : 이럴 땐 꼭 네가 우리 엄마 같아.

희선 : 그러니까 말이야. 난 널 낳은 기억이 없는데, 왜 이러고 사나 모르겠다.

송위 : 내가 그만큼 매력적이니까 그렇겠지.

희선 : <u>착각은 자유야.</u>

관용어

- **마음이 굴뚝같다** : 바라거나 그리워하는 마음이 몹시 간절하다. 巴不得, 愿望很迫切
- **착각은 자유다** : 어떤 사물이나 사실을 실제와 다르게 지각하는 것은 자유이다. 产生错觉
也是一种自由(用于调侃自我感觉良好的人)

✳ 한국은 잠자기 좋은 나라

한국은 여행하기 좋은 나라이다. 소박하지만 따뜻한 사람들과 아름다운 지역이 많다. 도로도 잘 정비되어 있어 여행객이 편하게 여행할 수 있는 나라이다. 특히 한국에서 숙박 시설을 이용하는 데에는 걱정할 필요가 전혀 없다.

한국의 대표적인 숙박 시설은 호텔이다. 호텔은 깔끔하고, 수영장이나 피트니스 센터 등 다양한 시설을 이용할 수 있고, 서비스의 수준도 높다. 아침에는 조식 뷔페도 제공한다. 그렇지만 편리하고 좋은 시설만큼 값이 비싸다.

다음으로 한국에서 흔한 숙박시설은 모텔이다. 호텔보다 값이 싸고, 깔끔할 뿐만 아니라 컴퓨터, TV, 에어컨, 냉장고 등 필요한 물품이 거의 다 구비되어 있어서 불편함이 없다. 하지만 호텔처럼 아침이 제공되는 것은 아니어서 아침은 따로 사 먹어야 한다.

1990년대 이후로 관광 산업이 발달하면서 펜션이나 콘도 등의 숙박 시설도 급속도로 늘어났다. 두 시설 모두 직접 요리를 할 수 있어서 사람들이 즐겨 이용한다. 콘도는 펜션보다 넓기 때문에 가족이나 많은 인원이 여행을 갈 때 이용한다.

게스트 하우스는 값이 싸고 다양한 사람들과 같은 공간에서 머물게 되므로 여

행하는 데 필요한 정보를 얻기도 좋다. 값이 저렴한 것도 장점이다. 한옥 게스트 하우스를 이용하면 한국의 전통을 함께 느낄 수 있어서 보다 뜻 깊은 여행이 될 것이다. 그리고 한옥 게스트 하우스의 경우 아침에 한식을 차려 주는 곳도 많다.

　이 외에도 값도 싸면서 주인의 따뜻한 인정이 느껴지는 민박이나 호화로운 여행을 즐길 수 있는 리조트 등 한국에는 숙박 시설이 다양하다. 여행 계획을 잘 세우기만 하면 어디서든 자고 먹는 걱정은 안 해도 되는 곳이 바로 한국이다. 한국으로 여행을 오는 외국인들이 가장 놀라워하는 부분 중 하나이기도 하다. 게다가 거의 대부분의 숙소가 인터넷을 이용해 언제든지 예약할 수 있다. 이런 이점을 잘 활용해서 다채로운 한국의 경치를 느껴 보는 것도 좋을 것이다.

･ ･ ･ ●

- **소박하다**(素朴--) : 꾸밈이나 거짓이 없고 수수하다. 朴素，平实
- **정비**(整備) : 도로나 시설 따위가 제 기능을 하도록 정리함. 整备，整修
- **깔끔하다** : 생김새 따위가 매끈하고 깨끗하다. 干净整洁
- **피트니스 센터**(fitness center) : [같은 말] 헬스클럽(health club). 健身俱乐部
- **구비**(具備) : 있어야 할 것을 빠짐없이 다 갖춤. 齐全，俱全
- **펜션**(pension) : 민박의 가정적 분위기와 호텔의 편의성을 갖춘 소규모의 고급 숙박 시설. 公寓式度假村，内带有全套厨房设备、冰箱，不用出门就能自己做饭，房间宽敞，适合全家以及恋人朋友一起出游的一种新概念经济型旅馆，费用一般比酒店便宜，比民宿贵。
- **콘도**(condo) : 객실 단위로 분양을 하여 구입자가 사용하지 아니하는 기간에는 관리 회사에 운영권을 맡기고 임대료 수입을 받는 새로운 형태의 호텔. 有独立产权的公寓式酒店
- **저렴하다**(低廉--) : 물건 따위의 값이 싸다. 便宜
- **한옥**(韓屋) : 우리나라 고유의 형식으로 지은 집을 양식 건물에 상대하여 이르는 말. 韓屋
- **이점**(利點) : 이로운 점. 好处
- **다채롭다**(多彩--) : 여러 가지 색채나 형태, 종류 따위가 한데 어울리어 호화스럽다. 多姿多彩

❄ 진가리 샘! 중국에서는요?

•중국 숙박 종류

종류	장점	단점
성급호텔	깨끗하고 안전하다	비싸다
비즈니스 호텔	비교적 저렴하고 깔끔하다	방이 작고 시끄러울 수 있다
체험 민박	저렴하다, 문화 체험 가능	일부 지역에만 있다
유스호스텔	저렴하다, 교통이 편리하다	예약하기 힘들다. 일부 지역에만 있다
여관	싸다	깨끗하지 못하고 안전하지 않다. 시끄럽다.

1. 다음과 관련된 것을 연결해 보세요.

방 안에서 직접 요리할 수 있다 •   • 콘도

이동식 주택처럼 사용하며 캠핑도 즐길 수 있다 •   • 게스트 하우스

외국에서 저렴한 숙박 시설의 대표주자이다 •   • 모텔

호텔보다 싸지만 아침 식사가 제공되지 않는다 •   • 카라반

값도 싸면서 집 주인의 인정을 느낄 수 있다 •   • 민박

2. '한국은 잠자기 좋은 나라'를 읽고 ○, ×를 표시하세요.

① 현재 한국에서 가장 대표적인 숙박 시설은 게스트 하우스이다. (   )

② 한국에서는 모텔도 호텔처럼 아침을 제공해 준다.   (   )

③ 펜션에서는 직접 요리를 할 수 있다.   (   )

④ 한국에는 리조트나 카라반과 같은 숙박 시설이 없다.   (   )

3. '착각은 자유다'라는 말은 무슨 뜻일까요? 여러분도 착각에 빠져 본 적이 있어요? 있다면 이야기 해보세요.

함께 써 보요

➠ 주제 : 한국에서 꼭 묵고 싶은 숙박 시설에 대해 써 보세요.

➠ 제목 : _____

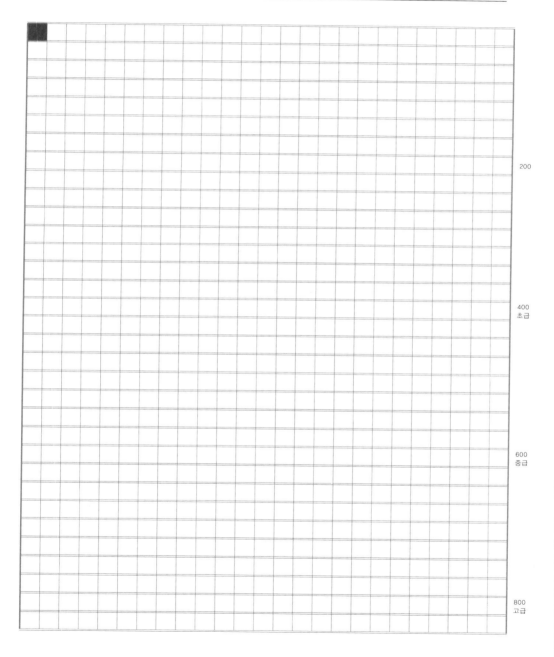

200

400
초급

600
중급

800
고급

같이 해 봐요

➠ 주말에 친구와 함께 제주도에 놀러 가려고 해요. 한국 인터넷 사이트를 검색해서 숙박 시설을 예약해 보세요.

① 지역

② 숙소

③ 교통편

④ 식사

다 함께 비비자

송위 : 이모, 그릇 하나 주세요.

희선 : 너 이제 이모란 말 잘 한다. 역시 교육의 힘은 대단해.

송위 : 한국에선 그렇게 한다며?

희선 : 맞아. 그릇은 뭐 하게?

송위 : 비벼 먹으려고.

희선 : 비빔밥?

송위 : 고추장 넣어서 비벼 먹을 거야.

희선 : 넌 언제부터 비빔밥을 이렇게 잘 먹었어?

송위 : 나야 뭐. <u>자나 깨나</u> 한국음식 생각뿐이야. 언양 불고기, 춘천 닭갈비, 동래 파전도 정말 좋아하잖아.

희선 : 안동 찜닭은?

송위 : 맞다. 안동 찜닭.

희선 : 너, 맛있는 야채 듬뿍 든 잡채도 <u>죽고 못 살지?</u>

송위 : 당연하지. 아, 매콤한 김치찌개도 생각난다. 하나만 더 시켜 먹을까?

희선 : 너처럼 식탐 많은 사람 처음 봐. 비빔밥이나 다 먹어.

송위 : 그래. 일단 오늘은 비빔밥 먹고 내일은 돼지갈비 먹자.

희선 : 하여간 넌 못 말리겠다.

송위 : 너도 한 숟가락 먹을래?

희선 : 난 됐어. 배불러.

✐ 관용어

- **자나 깨나** : 잠들어 있거나 깨어 있거나 늘. 日日夜夜, 无时不刻
- **죽고 못 살다** : 몹시 좋아하거나 아끼다.　形容非常喜爱和珍惜

✴ 지지고, 볶고, 비비고!

　　한국하면 떠오르는 것들 중에서 빼놓을 수 없는 것이 바로 김치와 비빔밥이다. 발효 음식인 김치와 신선한 야채를 비벼 먹는 비빔밥은 한국을 대표하는 맛일 뿐만 아니라 한국의 특징을 고스란히 안고 있는 음식이기도 하다. 한국에는 김치와 비빔밥 말고도 맛있는 음식이 많다. 간장 양념이 잘 배어 있는 불고기나 불판에 직접 구워서 먹는 삼겹살, 구수한 된장찌개 등도 세계적으로 널리 알려진 한국 음식이다.

　　한국은 거의 대부분의 음식에 양념이 들어간다. 양념 재료로는 간장, 고추장, 된장이 가장 많이 사용된다. 간장과 된장은 콩으로, 고추장은 고추로 만든다. 옛날에는 집마다 장을 담갔다. 한때 고추장 광고에 나와서 유행하기도 했던 "(장맛의 비결은) 며느리도 몰러."라는 말처럼 집마다 장맛의 비결은 함부로 알려주지 않았다. 그만큼 한국 음식의 맛은 양념에 따라 결정되는 경우가 많다. 이렇듯 한국 음식에는 양념이 많이 들어가다 보니 때때로 짜고 맵게 느껴지기도 한다.

　　한국에서도 세계화의 영향으로 인해 다양한 외국 음식점들이 많아지고 있다. 대표적인 외국 요리는 피자와 파스타이다. 이들 음식은 한국 음식만큼이나 흔하게 볼 수 있는 음식들이 되었다. 커피는 이제 한국인의 필수 기호품이 되기도 하였다. 거리마다 커피 전문점이 즐비하게 늘어서 있고, 식사를 마친 한국인들이 커피 잔을 들고 지나가는 모습은 어디에서나 볼 수 있다.

▲ 떡볶이

▲ 라이스버거

그러나 한국에서 쉽게 접할 수 있는 외국 음식들도 가만히 살펴보면 어딘가 조금 이상하다는 것을 발견할 수 있다. 일명 '퓨전'이라고 해서 외국 음식들이 한국 음식과 적절히 섞여 한국인의 입맛에 맞게 변형된다. '라이스버거'라고 해서 햄버거를 한국식으로 변형한 음식이 있는데, 빵 대신 밥 사이에 고기와 채소를 끼워 넣어 먹는다. 뿐만 아니라 한국에서는 피자에 불고기를 올려 먹기도 한다. 언뜻 보면 어울리지 않을 것 같지만 의외로 맛의 조화를 이룬다. 이것이 한국 음식의 강점이기도 하다.

한국은 신선한 재료 속에 양념이 스며들어 하나의 맛을 내는 김치나 불고기, 다양한 채소가 어우러져야 제 맛이 나는 비빔밥처럼 '함께' 혹은 '같이'가 모든 곳에 배어 있는 곳이다. 그래서 한국 음식은 다른 나라의 음식과 '같이' 먹어도 고유의 맛을 잃지 않을 뿐더러 다른 음식과 적절히 어울려 새로운 맛을 낼 수 있는 것이다.

• • • •

- **빼놓다** : 한 무리에 들어가야 할 사람이나 물건을 그 무리에 넣지 아니하다. 排除在外
- **배다** : 스며들거나 스며 나오다. 浸透, 渗入, 染上(⋯⋯味儿)
- **구수하다** : 보리차, 숭늉, 된장국 따위에서 나는 맛이나 냄새와 같다. 形容和大麦茶、锅巴汤及大酱汤等所具有的味道相似的香味。
- **양념** : 음식의 맛을 돋우기 위하여 쓰는 재료를 통틀어 이르는 말. 기름, 깨소금, 파, 마늘, 간장, 된장, 소금, 설탕 따위를 이른다. 酱料, 调味料
- **담그다** : 김치·술·장·젓갈 따위를 만드는 재료를 버무리거나 물을 부어서, 익거나 삭도록 그릇에 넣어 두다. 腌

- **파스타**(pasta) : 이탈리아식 국수. 밀가루를 달걀에 반죽하여 만들며 마카로니, 스파게티 따위가 대표적이다. 意大利面, 通心粉

- **기호품**(嗜好品) : 술, 담배, 커피 따위와 같이, 영양소는 아니지만 독특한 향기나 맛이 있어 즐기고 좋아하는 음식물. 嗜好品

- **즐비하다**(櫛比--) : 빗살처럼 줄지어 빽빽하게 늘어서 있다. 鱗次櫛比, 比比皆是

- **퓨전**(fusion) : 서로 다른 두 종류 이상의 것을 섞어 새롭게 만든 것. 混合

- **변형**(變形) : 모양이나 형태가 달라지거나 달라지게 함. 또는 그 달라진 형태. 变形, 改造

- **조화**(調和) : 서로 잘 어울림. 协调

- **스며들다** : 속으로 배어들다. 滲入, 浸入

- **어우러지다** : 여럿이 조화를 이루거나 섞이다. 交融, 浑然一体

✳ 진가리 샘! 중국에서는요?

• 중국 대표 음식

디산시엔 (地三鮮)	위샹로우쓰 (魚香肉絲)	시훙쓰차우찌단 (西紅柿炒鷄蛋)	쒜쭈훨위 (水煮活魚)	꿍바오찌딩 (宮保鷄丁)

1. 다음과 관련된 것을 연결해 보세요.

피자 •   • 발효 음식

커피 •   • 퓨전 요리

라이스버거 •   • 기호품

김치 •   • 외국 요리

2. '지지고, 볶고, 비비고'를 읽고 ○, ×를 표시하세요

① 간장, 고추장, 된장은 양념이다.   (   )

② 고추장은 콩으로 만든다.   (   )

③ 한국 음식은 달고 싱겁다.   (   )

④ 한국 음식은 퓨전 음식이 발달해 있다. (   )

3. '자나 깨나'라는 말은 무슨 뜻일까요? 여러분은 자나 깨나 생각나는 사람, 또는 물건이 있나요? 있다면 이야기 해보세요.

함께 써 봐요

➡ 주제 : 가장 좋아하는 한국 음식에 대해 써 보세요.
➡ 제목 : _____

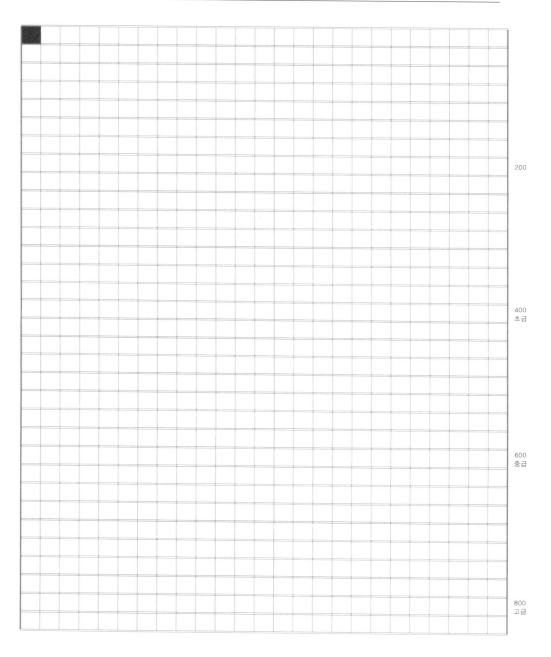

200

400
초급

600
중급

800
고급

같이 해 보요

➡ 한국 요리 중 먹고 싶은 요리의 요리법을 찾아보세요.

조건 : 한국 인터넷 사이트 활용하기

• 한국의 대표음식

비빔밥	김치	된장찌개
잡채	삼계탕	불고기
해물파전	갈비찜	만두국
냉면	죽	해물탕

카톡왔송!

송위 : 너 자꾸 약속 시간 늦으면 나 화낼 거야.

희선 : 카톡 보냈잖아.

송위 : 언제? 못 받았어.

희선 : 아침에 보냈어. 좀 늦을 수도 있을 것 같아서. 너 또 카톡 왜 안 봤어.

송위 : 어? 카톡 보냈어?

희선 : 너 <u>귀도 안 간지러웠어?</u>

송위 : 미안해. 다음부턴 안 그럴게.

희선 : <u>귀에 못이 박히도록</u> 얘길 해도 넌 계속 그러더라.

송위 : 미안. 카톡이 시들해서 말이야. 요즘 난 QQ랑 웨이신을 해.

희선 : 그게 뭔데?

송위 : 중국 카톡인 셈이야.

희선 : 그래?

송위 : 거기 친구들이 더 많아서 놀다 보니까 카톡을 덜 보게 되는 것 같아.

희선 : 나도 QQ나 웨이신 써 볼까? 어떤 점이 좋은데?

송위 : QQ는 세계에서 세 번째로 많은 사람이 쓰니까 친구들을 만나기 쉬워. 기능도 다양하고. 채팅, 게임, 무료 음악 듣기 등 이것저것 시간 보내기가 좋지. 웨이신은 동영상 촬영, 음성메시지 등 새로운 기능이 많아서 요즘 웨이신을 쓰는 사람들이 많아지고 있어.

희선 : 그렇게 다양해?

송위 : 한국인은 김치 없으면 못 산다고 하잖아. 우린 QQ랑 웨이신 없인 못 산다고들 하지.

희선 : 대단하네. 나도 한번 이용해 봐야겠네.

송위 : QQ나 웨이신 친구하자.

희선 : 좋아. 지금 바로 다운 받을게.

✏ 관용어

- **귀가 간지럽다** : 남이 제 말을 한다고 느끼다. (别人背地里谈论自己时)耳朵发痒
- **귀에 못이 박히다** : 같은 말을 여러 번 듣다. 听腻了, 听得耳朵长茧

✳ 한국은 IT 강국

한국은 세계에서 컴퓨터와 스마트폰 보급률이 제일 높고 인터넷 속도도 가장 빠르다. 그만큼 SNS나 다양한 메신저 프로그램을 이용하는 사람들도 매우 많다. 한국에서 제일 인기 있는 메신저  프로그램은 '카카오톡'이다. 한국에서 개발되었으며 무료로 이용 가능하다. 카카오톡을 사용하는 사람들이 급속도로 증가하면서 카카오톡의 기능 또한 점점 다양해지고 있다.

카카오톡의 가장 큰 장점은 무료로 메시지를 보내고, 전화 통화를 할 수 있다는 사실이다. 또 자신의 사진을 공개하고, 자신의 기분을 알릴 수 있는 프로필 설정도 가능하다. 연락하는 데 돈이 들지도 않고 친구의 현재 상황을 바로 알 수 있으니 연락하는 횟수가 늘어나는 등 사람들과 좋은 관계를 유지하는 데 큰 도움을 준다. 뿐만 아니라 동영상, 사진 등을 주고받고 게임, 쇼핑, 블로그 활동까지 할 수 있어서 카카오톡은 한국인들에게 큰 사랑을 받는다.

최근에는 '밴드'라는 소셜 네트워크 서비스(SNS)가 인기를 끌고 있다. 기존의 페이스북이나 카카오스토리가 불특정 다수에게 자신의 일상이 공개되는 데 반해 밴드는 원하는 사람들끼리만 모여 자신들의 생활과 정보 등을 공유한다. 일종의 가상 동아리방인 셈이다. 사용법도 매우 간단해서 나이가 지긋하신 어른들 사이에서도 큰 호응을 얻고 있다.

또 한국인이 많이 이용하는 포털사이트는 '네이버'와 '다음'이다. 이것 역시 한국에서 개발된 프로그램이다. 네이버나 다음은 한국인이 개발한 프로그램답게 한국인이 사용하기 편리하게 만들어졌다. 네이버 홈페이지에서 메일, 쇼핑, 블로그, 신문이나 잡지 등의 정보 검색 등 다양한 활동을 할 수 있다. 그렇다 보니 다른 나라들에서는 강세를 보이는 미국의 야후나 구글 같은 포털 사이트들이 한국에서는 큰 인기를 누리지 못했다. 심지어 야후는 2012년 12월 31일에 한국에서 서비스를 종료했을 정도다.

한국에서는 한국의 특성에 맞추어 인터넷이나 스마트폰을 이용하기에 편리하지만 불편한 요소도 존재한다. 한국의 인터넷 사이트들은 대부분 회원 가입을 해야만 그 사이트에서 제공하는 서비스를 제대로 이용할 수 있는 경우가 대부분이다. 그런데 회원 가입을 할 때는 반드시 주민등록번호를 비롯하여 주소, 전화번호 등 필요 이상의 개인 정보를 요구하는 경우가 많다. 그래서 개인 정보가 유출되는 사고가 일어나기도 했다. 최근에는 이러한 문제를 심각하게 인식하고 개인의 정보를 안전하게 보호하기 위해 노력 중이다.

● ● ● ●

- 보급(普及) : 널리 퍼서 많은 사람들에게 골고루 미치게 하여 누리게 함. 普及
- 메신저 프로그램(messenger program) : 인터넷에서 실시간으로 메시지와 데이터를 주고 받을 수 있는 서비스 프로그램. 聊天工具
- 급속도(急速度) : 매우 빠른 속도. 急速
- 프로필(profile) : 인물의 약력. (QQ, 微信等聊天工具)个性签名
- 설정(設定) : 새로 만들어 정해 둠. 设定
- 블로그(blog) : 자신의 관심사에 따라 자유롭게 칼럼, 일기, 취재 기사 따위를 올리는 웹 사이트. 博客
- 포털사이트(portal site) : 이용자가 웹 페이지에 접속할 때 최초로 들어가는 사이트. 이용자가 필요로 하는 다양한 서비스를 종합적으로 모아 놓은 곳. 门户网站
- 접속(接續) : 서로 맞대어 이음. 연결(連結). 连接
- 야후(yahoo) : 미국의 인터넷 서비스 기업이며 포털사이트 운영. 雅虎

- **구글(google)** : 인터넷 검색, 클라우드 컴퓨팅, 인터넷 광고 서비스를 제공하는 미국 기
    업. 谷歌
- **종료(終了)** : 어떤 행동이나 일 따위가 끝남. 또는 행동이나 일 따위를 끝마침. 结束
- **제공(提供)** : 무엇을 내주거나 갖다 바침. 提供
- **유출(流出)** : 밖으로 흘러 나가거나 흘려 내보냄. 泄露

진가리 샘! 중국에서는요?

 TIP

●메신저

> 텐센트QQ(腾讯QQ), 웨이신(微信), 페이신(飞信), 웨이보(微博), YY음성채팅(YY语音), 런런왕(人人网), MSN 등.

●포털사이트

> 바이두(百度), Sougo(搜狗), 타오바(淘宝), 58닷컴(58同城), 라소우왕(拉手网) 등.

1. 다음과 관련된 것을 연결해 보세요.

다음 •   • 메신저

카카오톡 •   • 소셜 네트워크 서비스

밴드 •   • 한국 포털 사이트

2. '한국은 IT 강국'을 읽고 ○, ×를 표시하세요.

① 한국은 세계에서 컴퓨터와 스마트폰 보급률이 제일 높다.(   )

② 한국의 인터넷 속도는 세계에서 가장 빠르다.   (   )

③ 카카오톡은 일본에서 개발된 메신저 프로그램이다.   (   )

④ 현재 야후는 한국에서 큰 인기를 누리고 있다.   (   )

3. 관용어 '귀에 못이 박히다'라는 말은 무슨 뜻일까요? 중국어 관용어에서 이
   와 비슷한 의미를 가진 것이 있어요? 이야기 해보세요.

함께 써 봐요

➡ 주제 : 카카오톡의 긍정적인 면과 부정적인 면을 논리적으로 써 보세요.

➡ 제목 : _____

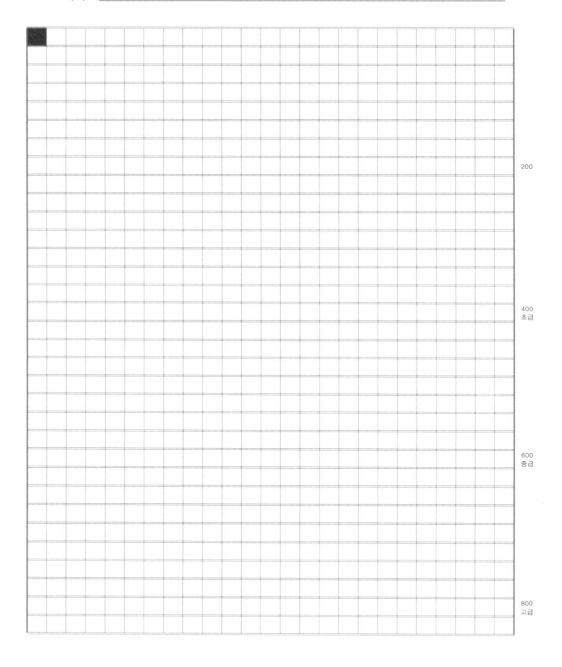

200

400
초급

600
중급

800
고급

같이 해 보요

➠ 카카오톡으로 친구와 대화해 보세요.
● 조건 : 문자로 쓰고, 맞춤법과 문법을 지킬 것.

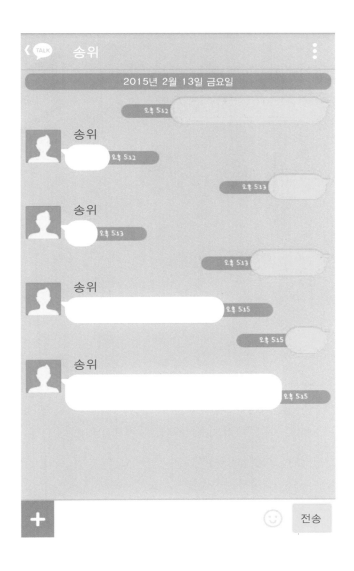

드라마 공화국

희선 : 너 어제 왜 결석했어?

송위 : 어. 중국에서 친구가 갑자기 와서 수업에 못 왔어.

희선 : 그래도 수업엔 들어왔어야지. 자기 코도 석자면서 친구를 챙겨? 그 친구
급한 일 있었어?

송위 : 한국에 오면 김수현을 볼 수 있을 것 같아서 왔대.

희선 : 누구?

송위 : 〈별에서 온 그대〉의 김수현.

희선 : 말도 안 돼. 김수현을 어떻게 봐?

송위 : 그 드라마를 보고 김수현한테 빠져서 바로 비행기를 타고 왔대.

희선 : 정말? 〈별에서 온 그대〉가 그렇게 인기가 높아?

송위 : 그런 모양이야. 연락 안 하던 친구들까지 전화 와서 김수현 이야길 물어 볼 정도니까.

희선 : 대단하네. 김수현을 보긴 했어?

송위 : 당연히 못 봤지. 김수현이 먹었던 만두집 가서 만두 먹고 갔어.

희선 : 실망이 컸겠네.

송위 : 아니. 만두집에 간 것만으로도 감동하더라고.

희선 : 그 정도로 김수현을 좋아한대?

송위 : 하나에 빠지면 몰두하는 스타일이거든. 김수현 이야길 <u>입에 침이 마르도 록 해.</u>

희선 : 그나저나 그 친구 덕분에 너도 김수현이 먹었던 만두 먹었겠네. 혼자 먹 으니 맛있었어?

송위 : 미안. 다음에 같이 가면 되지.

희선 : 너 그렇게 나오면 리포트 이야기 안 해 줘?

송위 : 리포트 나왔어? 이야기해 줘. 뭐야? 뭔데. 점심 살게.

희선 : 아니야. 오늘은 내가 살게. 나 <u>빈대 붙는</u> 걸로 소문나면 이미지 망가지잖아.

송위 : 나야 좋지.

✏️ 관용어

- **내 코도 석자다** : 내 사정이 급하고 어려워서 남을 돌볼 여유가 없음을 비유적으로 이르 는 말. 泥菩萨过河, 自身难保
- **입에 침이 마르다** : 다른 사람이나 물건에 대하여 거듭해서 말하다. 绝口称好, 大谈特谈
- **빈대 붙다** : 남에게 빌붙어서 득을 보다. 像寄生虫一样依附着, "蹭饭"

❋ 한국의 형사는 사랑을 한다.

▲ 드라마 〈별에서 온 그대〉

한국은 드라마 공화국이다. 월화드라마, 수목드라마, 주말드라마 등 일주일 내내 드라마가 방영된다. 하루에도 아침부터 밤까지 각 방송국마다 최소 4~5편의 드라마가 방영된다. 이렇게 많은 드라마가 방영되지만 한국 사람들은 드라마 보는 것을 지겨워하지 않는다. 오히려 드라마를 즐기는 사람들이 많아서 드라마 제작이 많다고 보는 것이 더 맞는 말일 것이다.

한국인들은 하루 일과를 마치고 집에 돌아와 가족들과 둘러 앉아 드라마를 시청하면서 그날의 피로를 푼다. 이렇듯 한국인에게 드라마는 일상이나 마찬가지이다. 최근에는 한국 드라마의 장르나 소재도 다양해지고 있다. 수사물이나 추리물 등 극적 긴장감이 느껴지는 작품에서부터 역사적 사실을 현대적으로 재해석한 일명 '퓨전 사극'들까지 높은 인기를 얻고 있다.

드라마뿐만 아니라 영화도 인기 있는 대중문화이다. 과거에는 한국 영화를 보지 않는 한국인들이 많았지만 요즘은 오히려 한국 영화만 찾아서 보는 한국인들도 꽤 있을 정도로 한국 영화의 수준이나 인기가 높다. 젊은이들의 데이트 코스로 영화관은 빠지지 않는다. 한국 영화나 한국 영화배우의 위상도 높아져 국제적인 영화제에서 상을 받기도 하고, 한국 배우들이 외국 영화에 등장하는 경우도 늘고 있다.

한국 드라마와 영화의 가장 큰 특징은 어느 장르든 상관없이 '사랑'이라는 주제가 나타난다는 것이다. "미국 드라마는 형사가 나오면 수사를 하고 의사가 나오면 진료를 한다. 일본 드라마는 형사가 나오면 형사가 교훈을 주고 의사가 나오면 의사가 교훈을 준다. 한국 드라마는 형사가 나오면 형사가 사랑을 하고 의사가 나오면 의사가 사랑을 한다."라는 유머가 화제가 되기도 했다. 그럼에도 불구하고 한국 사람들은 한국 드라마와 영화를 좋아한다. 외국인들도 한국 드라마와 영화에 대한 관심이 높아져서 한국 드라마를 보고 한국어를 배우게 되었다는 외국인들도 심심찮게 볼 수 있다.

한국 드라마와 영화의 변치 않는 소재인 사랑은 인간의 가장 보편적이고 본능적인 감정이다. 한국 드라마는 인간의 기본 정서를 감동적으로 그려낸다. 한국 드라마에 등장하는 가족들은 때로 불륜이나 패륜 등 가정의 질서를 어지럽히고 위협하는 모습을 보이더라도 마지막에는 결국 모든 것을 사랑이라는 이름으로 감싸고 화합한다. '우리'라는 말이나 한국의 대표 음식인 비빔밥 등에서 나타나듯이 한국은 모든 것을 끌어안아 하나로 만드는 공동체 정신을 아주 중요하게 생각하기 때문이다.

• • • •

- **일과**(日課) : 날마다 규칙적으로 하는 일정한 일. 一天的日程，作息
- **시청**(視聽) : 눈으로 보고 귀로 들음. 收视，收看
- **장르**(genre) : 문예 양식의 갈래. 특히 문학에서는 서정, 서사, 극 또는 시, 소설, 희곡, 수필, 평론 따위로 나눈 기본형을 이른다. 題材
- **소재**(素材) : 예술 작품에서 지은이가 말하고자 하는 바를 나타내기 위해 선택하는 재료. 素材
- **수사물**(搜査物) : 형사가 범인을 잡는 과정을 다룬 연극, 영화, 드라마 따위. 刑事侦查类题材的电视剧、电影等。

- **추리물**(推理物) : 사소한 단서를 통하여 복잡하게 얽힌 사건을 해결해 나가는 줄거리를 담고 있는, 흥미 있는 소설이나 영화. 推理类题材的小说、电视剧、电影等。
- **재해석**(再解釋) : 옛것을 새로운 관점에서 다시 해석함. 重新诠释
- **퓨전사극**(fusion 史劇) : 다양한 장르가 결합된 역사극. 多种题材混合的历史剧
- **오죽하다** : ((흔히 '오죽하여', '오죽하면', '오죽하랴' 따위의 꼴로 의문문에 쓰어)) 정도가 매우 심하거나 대단하다. 常以 "오죽하면", "오죽하여", "오죽하랴" 的形式出现，与反问句连用，表示程度严重，根据前后文内容一般可译为"又怎么会……呢"，"更何况……呢"等。
- **형사**(刑事) : 범죄의 수사 및 범인의 체포를 직무로 하는 사복(私服) 경찰관. 刑警
- **그럼에도 불구하고** : 비록 사실은 그러하지만 그것과는 상관없이. 虽然那样，尽管如此
- **심심찮다** : 드물지 않고 꽤 잦다. 时有，频频
- **본능적**(本能的) : 본능에 따라 움직이려고 하는. 또는 그런 것. 本能地
- **불륜**(不倫) : 사람으로서 지켜야 할 도리에서 벗어난 데가 있음. 不合人伦，乱伦
- **패륜**(悖倫) : 인간으로서 마땅히 하여야 할 도리에 어그러짐. 또는 그런 현상. 乱伦，逆伦，悖论
- **질서**(秩序) : 혼란 없이 순조롭게 이루어지게 하는 사물의 순서나 차례. 秩序
- **위협**(威脅) : 힘으로 으르고 협박함. 威胁
- **감싸다** : 흉이나 허물을 덮어 주다. 包容，庇护

✳ 진가리 샘! 중국에서는요?

TIP

• 중국에서의 '한류'

드라마 : <가을동화>, <겨울연가>, <대장금>, <궁>, <시크릿가든>, <별에서 온
　　　　 그대> 등

배우/가수 : 장동건, 이영애, 전지현, 이민호, 김수현, 이효리, 권지용 등

예능프로그램 : <우리 결혼했어요>, <런닝맨>, <아빠 어디가> 등

• 중국대륙/대만의 유명 배우/가수

판빙빙(范冰冰), 장쯔이(章子怡), 탕웨이(汤唯), 공리(巩俐), 펑리위안(彭丽媛), 등리쥔인

(邓丽君), 왕페이(王菲) 등

1. 다음과 관련된 것을 연결해 보세요.

퓨전 사극　　　•　　　　　• 사랑

한국　　　　　•　　　　　• 복잡하게 얽힌 사건을 풀어냄

추리물　　　　•　　　　　• 역사적 사실을 현대적으로 재해석

한국 드라마 주제 •　　　　　• 드라마 공화국

2. '한국의 형사는 사랑을 한다'를 읽고 ○, ×를 표시하세요.

① 예전에 비하면 요즘 한국 영화는 한국인들에게 인기가 없다. (　　　)

② 한국 드라마와 영화의 가장 큰 특징은 풍부한 유머를 가지고 있다는 점
이다. 　　　　　　　　　　　　　　　　　　　　　　(　　　)

③ 한국 드라마와 영화는 인간의 기본 정서를 감동적으로 그려낸다.(　　　)

3. 관용어 '입에 침이 마르다'라는 말은 무슨 뜻일까요? 여러분도 친구에게 입
에 침이 마르도록 무언가를 자랑해 본 적이 있어요? 이야기 해보세요.

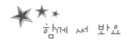

함께 써 보요

➠ 주제 : TV드라마 · 영화 감상문을 써 보세요.

➠ 제목 : _____

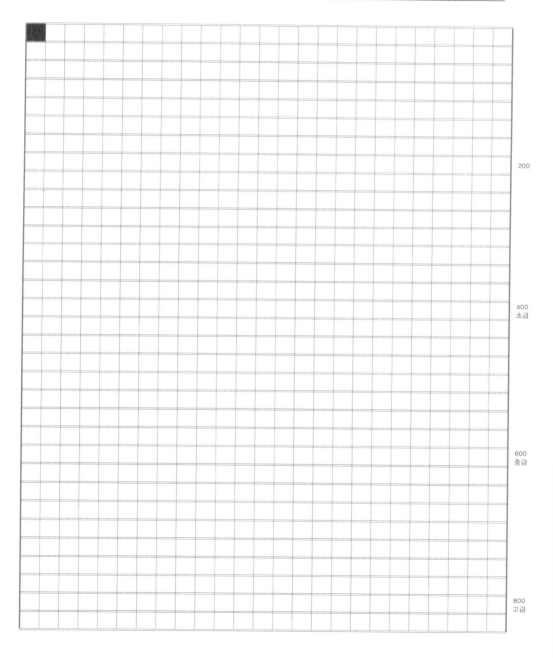

200

400
초급

600
중급

800
고급

➡ 2인 1조를 구성해 다음 드라마를 연기해 보세요.

〈별에서 온 그대〉 1회

천송이 : 하~저기. 왜 안 눌러요?

도민준 : …….

천송이 : 아니 그쪽 몇 층 가는지 왜 안 누르냐고요. 그래요. 나 천송이예요.

　　　　당신 나 언제부터 미행했어?

　　　　하! 치! 아~ 나! 새로 이사한 집은 어떻게 또 금세 알았어?

　　　　뭐, 어떻게 해 줄까? 싸인 해 줄까? 사진 찍어 줘? 그럼 갈래?

　　　　딱 보니까 나이도 어려 보이고 혈기 왕성할 땐 건 알겠어.

　　　　알겠는데 가서 공부를 해. 아니면 운동을 해서 에너지를 발산시켜 보던가.

　　　　여기서 이상한 짓 할 생각으로 날 쫓아온 거면, 너 잘못 짚었거든.

　　　　나 이런 일 한 두 번 겪는 여자 아니고……. 야, 너 지금 우리 집 가냐?

　　　　야, 너 지금 어디가. 하, 혹시나……. 했더니……. 아……. 옆집 가시는구나.

　　　　아하하. 아. 거기 사시나 봐요. 저 오늘 2301호에 새로 이사 왔거든요.

　　　　깜짝 놀라셨죠? 아하하하…….

　　　　저 모르세요?

도민준 : …….

천송이 : 몰라요? 날?

도민준 : 알아야 됩니까?

천송이 : 아, 아니요. 그런 건 아닌데요. 근데 왜 그렇게 빤히 쳐다보세요?

도민중 : 비밀번호 누를 겁니다.

천송이 : 아~쏘리(sorry)~쏘리(sorry)~ 아참, 아나~ 사람을 뭘로 보고. 아니. 진짜 날 몰라? 어
　　　　떻게 몰라? 북한에서 왔어? 외계인이야?

한국인의 힘, 교육열

희선 : 나 오늘 오후 수업은 못 듣겠어.

송위 : 어디 아파?

희선 : 요즘 좀 무리를 했더니. 학원을 다니느라 <u>파김치가</u> 됐거든.

송위 : 그러니까 무슨 학원을 그렇게 많이 다녀?

희선 : 토익 점수에 <u>발목 잡혔거든</u>. 학원을 조금만 더 다니면 원하는 점수까지

　　　올라 갈 거야.

송위 : 천천히 해.

희선 : 학원은 세 개밖에 안 되는데 뭐. 어릴 땐 일곱 군데도 다녔어.

송위 : 왜?

희선 : 다들 하니까. 학원에 가지 않으면 친구도 없었거든.

송위 : 친구 만나러 학원 갔던 거야?

희선 : 공부도 하고, 놀기도 하고. 한국에선 다 그래.

송위 : 넌 공부가 지겹지도 않아?

희선 : 지겹지만 다들 하는 거니까 해야지.

송위 : 대학에 와서도 그렇게 할 필요 없잖아.

희선 : 요즘 취업 하려면 경쟁이 얼마나 치열한데.

송위 : 경쟁이란 말은 듣기만 해도 <u>간이 콩알만 해져</u>.

희선 : 조금만 더 하면 돼. 너도 같이 학원 다닐래?

송위 : 난 싫어. 어서 집에 가서 약 먹고 쉬어.

희선 : 어. 그래야겠어. 안녕.

📝 관용어

- **파김치가 되다** : 몹시 지쳐서 기운이 아주 느른하게 되다. 筋疲力尽
- **발목(을) 잡히다** : 1) 어떤 일에 꽉 잡혀서 벗어나지 못하다. 被……缠身
                        2) 남에게 어떤 약점이나 단서(端緒)를 잡히다. 被抓把柄, 抓小辫
- **간이 콩알만 해지다** : 몹시 두려워지거나 무서워지다. 吓破了胆

한국에는 대학이 아주 많다. 고등학교 졸업생의 80%이상이 대학교에 진학하기 때문이다. 대학교를 다니는 학생들이 많다 보니 명문대학교에 입학하는 것이 더 중요해졌다. 그래서 한국에서는 초등학교를 다닐 때부터 대학 입학을 준비한다고 해도 과언이 아니다. 한국의 초, 중, 고교 학생들은 학교에서 수업을 듣는 것에 그치지 않는다.

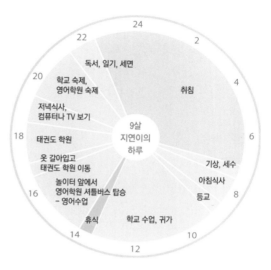

독서, 일기, 세면
취침
학교 숙제, 영어학원 숙제
저녁식사, 컴퓨터나 TV 보기
9살 지연이의 하루
태권도 학원
기상, 세수
옷 갈아입고 태권도 학원 이동
아침식사
놀이터 앞에서 영어학원 셔틀버스 탑승 - 영어수업
등교
휴식
학교 수업, 귀가

▲ 경향신문, 2014.3.21.

논술 학원, 음악 학원, 미술 학원, 태권도 학원 등을 다니기도 한다. 평균 두 군데 이상의 학원을 다니는 것이 보통이다. 최근에는 리더십 학원이나 과학 실험 학원 등도 생겨났다. 학생들이 방과 후 학원까지 마치고 집에 돌아오면 밤 10시가 넘는 것이 보통이고, 심지어 토, 일요일까지 학원을 다니는 학생들도 심심찮게 볼 수 있다. 한국 학생들이 공부를 하는 데 들이는 시간과 노력은 놀라울 정도다.

한국 부모들은 자녀들의 학업을 위해 투자하는 것을 아까워하지 않는다. 공부를 잘해야 명문대학교에 입학하고, 명문대학을 졸업하면 성공하기 쉽다고 생각하기 때문이다. 그래서 한국 부모들은 자식을 위해서라면 고액 과외를 시키는 것도 마다하지 않으며, 아이들이 다음 학원에 늦지 않도록 데려다 주기 위해 차 안에서 몇 시간이나 기다린다. 대학교에 입학하기 위해 치르는 수능 시험 날에는 자녀들이 시험을 치는 동안 절에서 108배를 하는 등 자식의 합격을 기원한다. 시험에 꼭 붙으라는 의미에서 엿을 학교 담벼락에 붙이기도 한다.

　　이렇듯 한국의 부모들은 자식이 좋은 환경에서 공부할 수 있도록 모든 수고를 아끼지 않는다. 그리고 한국 학생들이 미래를 일찍부터 준비하고 성실하게 노력하는 자세는 대단하다. 그렇지만 좋은 성적을 얻는 것이 가장 중요한 일이 되면서 아이들의 다양한 꿈이 사라져 가고 있음을 기억해야 할 것이다.

• • • •

- **진학(進學)** : 상급 학교에 감. 升学
- **리더십(leadership)** : 무리를 다스리거나 이끌어 가는 지도자로서의 능력. 领导力
- **생겨나다** : 없던 것이 있게 되다. 产生
- **고액 과외** : 많은 돈을 주고 학교의 정해진 교과 과정 이외에 비공식적으로 받는 수업. 昂贵的课外辅导、补习班
- **엿** : 곡식으로 밥을 지어 엿기름으로 삭힌 뒤 겻불로 밥이 물처럼 되도록 끓이고, 그것을 자루에 넣어 짜낸 다음 진득진득해질 때까지 고아 만든 달고 끈적끈적한 음식. 麦芽糖
- **담벼락** : 담이나 벽의 표면. 墙, 墙面

✳ 진가리 샘! 중국에서는요?

• **교육 제도에 대해서**

  −9월 달 첫 학기

  −초등학교 5~6년, 중학교 3~4년, 대학교 4년, 석사 3년, 박사 3~5년.

• **수능에 대해서**

  −高考 날짜 : 대부분 6월 7일 ~ 6월 8일/9일

  −시험지역 : 지원하는 고등학교에서 시험을 보는 것이 아니라 등본 주소지에서
  　　　　　　시험을 본다. 해당 지역 수험생끼리 경쟁한다.

  −시험문제 : 중국 전체가 동일하지 않고 지역별로 다르다.

  −시험과목 : 3+X (국어, 수학, 영어+ 선택 과목)

  −기원 선물 : 요티아오(油条) 1개와 계란 2개 등(100分).

🐗 골든벨을 울려라!

1. 다음과 관련된 것을 연결해 보세요.

<table>
<tr><td>수능 시험 •</td><td>• 성공의 길</td></tr>
<tr><td>명문 대학교 •</td><td>• 합격 기원</td></tr>
<tr><td>엿 선물 •</td><td>• 대학 입학</td></tr>
</table>

2. '대학이 미래다'를 읽고 ○, ×를 표시하세요.

① 한국에서는 고등학교 졸업생 70%가 대학교에 진학한다.　　　　(　　　)

② 한국 학생들은 평균 두 군데 이상의 학원을 다닌다.　　　　(　　　)

③ 한국에서는 학생들이 시험에 꼭 붙으라는 의미에서 엿을 학교 담벼락에 붙이기도 한다.　　　　(　　　)

3. '간이 콩알만 해지다'라는 말은 무슨 뜻일까요? 여러분은 간이 콩알만 해진 적이 있어요? 이야기 해보세요.

➡ 주제 : 한국 교육의 장점과 단점을 찾아 써 보세요.

➡ 제목 : _____

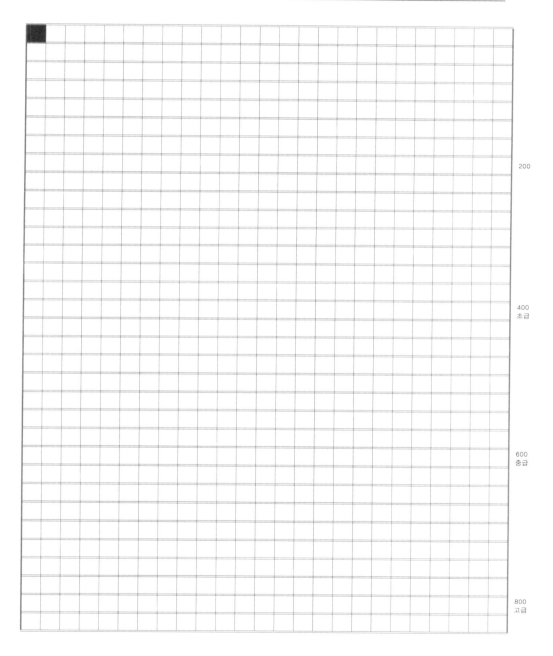

 같이 해 봐요

➡ 하루의 계획표를 만들어 보세요.

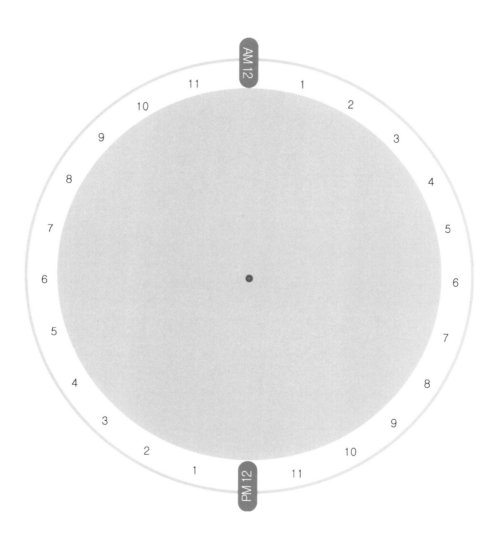